미래의 젊은 리더

실리콘밸리와 상하이 혁신도시를 가다

미래의 젊은 리더

실리콘밸리와 상하이 혁신도시를 가다

이서원

왜, 소프트웨어가 대세인가?

SW 중심 시대 도래

과학기술정보통신부는 최근 소프트웨어(Software, 이하 SW) 중심사회 구현을 위한 전략을 발표하였다. 미래 사회와 산업 환경에서는 소프트웨어가 차별화된 경쟁력의 중심 역할을 할 것이며, 국가적 생존과 번영 차원에서도 선택이 아닌 필수적인 것이 될 것이다. 정부차원에서도 이를 깊이 인식하고 이에 대한 전략과 실행을 미룰 수 없다고 판단하였다. 이러한 인식은 최근 몇 년 동안 급격하게 변화된 산업과 사회상의 변화와 함께 더불어 드러나는 일련의 다양한 유형의 사건들을 통해 자연스럽게 발생한 것이기도 하다.

〈SW가 세상을 움직이고 변화시킨다〉

"자동차는 이제 가솔린이 아니라 SW로 움직인다."고 메르세데스-벤츠 (Mercedes-Benz) 회장은 말했다. 이 회사는 수만 명의 회사원 중 절반 정도가 SW인력이라고 하며, 몇백만 라인 이상의 복잡한 SW를 설계-구현-관리를 진행하고 있다고 한다. 또한, 미국 씨티은행(Citibank) 부사장은 "우리는 은행을 가장한 SW회사"라고 말하기도 했다. 이러한 대표적 사례 외에도 거의 모든 산업분야가 SW에 의해 움직이는 경향을 볼 수 있다. 그리고 향후에 대부분의 다양한 스마트 기기들과 센서들은 소형컴퓨터에 내장된 SW의 도움을 받아 제어 및 모니터링될 것이다.

스티브잡스(Steve Jobs)가 휴대폰에 고급 SW 기술과 앱스토어(Appstore) 서비스가 융합된 아이폰(iPhone)을 출시하게 되면서 인류의 역사는 아이폰 등장 이전과 이후의 세상으로 구분되게 되었다고 해도 과언이 아니다. 이른바 거의 모든 사람들의 라이프 스타일과 산업 생태계마저 바꾸어 놓은 스마트폰 세상이 본격적으로 시작된 것이다. 그 후, 전통 휴대폰 시장의 최강자 노키아가 추락하고, 단말기 회사와 이동통신사 간의 주종관계가 변화했으며, 앱이라는 새로운 형태의 제품과 다양한 부가서비스를 다루는 신시장이 창출되고, 스마트폰 앱 이용이 일상 생활화되면서 큰 변혁이 이루어졌다. 그런데 이는 SW가 세상을 변화시키고 있다는 대표적인 사례이기도 하다.

최근에는 샤오미 테크(Xiaomi Tech)가 자체의 고급 SW기술을 기반으로 저가의 고성능 스마트폰을 출시하여 중국시장에서 삼성을 2위로 단시간에 밀어내버린 충격적인 사건이 있었는데, 이 또한 SW기술을 핵심역량으로 한 시장경쟁력을 보여준 또 다른 사례라고 볼 수 있으며 그 밖에도 수많은 사례가 있다.

창의적 아이디어만으로도 창업 가능

SW분야는 창의적 아이디어만 있다면 최소한의 비용과 인력만으로도 쉽게 창업할 수 있다. 그렇기 때문에 실패하더라도 손실을 보는 비중이 작고, 쉽게 재도약이 가능하다. 그러나 성공을 하게 된다면 단기간에도 큰 부를 얻을 수 있는 기회가 많다. 예를 들어 올 초에 페이스북에 인수된 왓츠앱(WhatsApp)이라는 모바일 메신저앱 서비스 회사는 직원이 30여 명이 20조 원 가까운 가치를 인정받아 사람들을 깜짝 놀라게 한 적이 있다.

최근에는 오픈소스SW 및 편리하고 강력한 개발환경이 확립되면서 저렴하게 쉽게 접속하는, 활용 가능한 고성능 컴퓨팅 환경이 눈부시게 발전하고 있다. 창의적인 아이디어를 기반으로 비즈니스 기회를 포착해서 사용가능한 다양한 SW요소 기술들을 잘 선택한 후, 이들을 적절히 융합해서 기능과 품질을 개선하고 창업을 하는 사례가 많이 늘고 있다. 정부가 추구하는 창조경제의 대표적인 산업분야가 SW산업 분야라고 볼 수 있는 것은 이 때문이기도 하다.

SW기술과 산업과의 융합 중요성

SW 분야는 그 자체의 기술 발전이 빠르고, 산업 규모도 크면서 아울러 다른 기술 분야와 산업의 융합에 의한 공진화(co-evolution)를 돕는 촉매제 역할을 해서 이를 더욱 가속화하게 하는 영향을 끼치고 있다. 그리고 SW는 타산업과의 융합으로 생산성과 효율을 향상시키고, 제품의 부가가치를 질적으로 차원이 다른 제품으로 승화시켜주기 때문에 경쟁우위 확보를 위해서는 필수불가결의 수단이라 할 수 있겠다. SW는 이질적인 분야의 기술요소들을 용융하여 합체된 하나의 유기적으로 살아있는 제품이나 서비스의 두뇌 역할을 하는 융합의 핵심 요소라고 해도 과언이 아니다.

이러한 트렌드를 좇아서, 자동차, 조선, 전자제품 등의 제조업 경쟁력과 이들의 수출에만 주로 의존해왔던 우리 경제도 SW기술을 제품이나 서비스에 융합하여 부가가치를 혁신하는 방향으로 체질을 개선하고자 노력하고 있다.

현재 우리나라 SW원천기술 자체의 경쟁력은 선진국에 많이 뒤처져 있는 상황이다. 그러나 그렇다고 원천기술 개발에만 힘을 기울이기보다는 우리의 강점인 하드웨어 (Hardware, 이하 HW)나 서비스 기술에 SW기술을 융합하고자 하는 노력도 함께 기울여야 할 것이다. 그리하여 기존의 경쟁우위 산업의 고부가가치화나 효율화를 유지할 수 있도록 하는 것에 중점을 둘 필요도 있다고 본다.

그러므로 이러한 융합기술 강점을 기반으로 다양한 산업 도메인의 응용 분야와 융합하는 방향으로 기술과 비즈니스 기회를 확대하여 SW를 발굴하고 전개해나가는 것이 필요할 것이다.

이것은 결론적으로 SW기술과 산업과의 융합이 우리가 크게 의존해야 할 큰 방향 중의 하나라는 것을 의미한다고 본다. 그리고 SW는 이제 선택이 아니라 필수가 되었다. 우리가 잘하지 못한다거나 우리 환경에는 맞지 않는다는 생각 등으로 회피하여 외국의 기술에만 의존하면 우리 산업은 치열한 글로벌 경쟁에서 도태될 수밖에 없을 것이기 때문이다.

세상을 새롭게 디자인·구현하는 SW융합 산업인재 육성의 중요성

앞서 언급했듯이 창의적인 아이디어와 이에 뜻을 같이하는 팀만 잘 구성된다면, 눈부시게 발전되었으면서도 저렴하고, 사용이 용이한 다양한 기술적 환경을 도구로 하여 그 아이디어를 쉽게 구현해볼 수 있는 세상이 도래하였다. 예를들면, 가용한 부품형 SW 및 HW 기술들을 파악하고, 그 활용법을 잘 익혀서 3D프린터, 클라우드(Cloud), 빅데이터(Big data), 웨어러블 기기(Wearable Device), 초소형·고성능 컴퓨터 및 스마트 센서, 시스템SW, SW개발도구, 초고속 인터넷, IoT(사물인터넷), 지능형 인지 SW기술, 실감 UX(User Experience) 및 혼합현실 SW, 보안, 가상화폐, 전자결제, 스마트 기기, 고속 무선통신 기술 등을 십분활용하여, 단순하게는 일상의 불편을 개선하는 것에서부터 새로운 가치사슬의 생태계나 신시장을 파괴적으로 창조하는 플랫폼을 오케스트라처럼 멋진 하모니의 작품으로 만들어내는 역량이 필요한 것이다.

따라서 이제는 우리도 이러한 기술과 세상의 급격한 변화를 관찰하고 분석하는 단계를 지나, 도전하고 행동하는 SW융합 인재를 많이 필요로 하게 되었다. 그들은 더 멋진 세상의 변화에 대한 스토리를 독창적이고 주도적으로 디자인하고 직접 구현하는 것을 즐기며, 그렇게 만든 것이 다른 사람들 역시 즐겁고 유익하게 함으로써 새로운 가치를 창출하고 싶어 하는 인재이다. 그리고, 자신의 비전을 구현하는 과정에서 필연적으로 부딪히는 수많은 반대와 위기를 견뎌내는 신념, 용기, 지혜, 자신감의 근거가 되는 실력 등이 겸비되어야 할 것이다.

창의적 SW융합 인재를 육성하는 것이 미래의 우리나라 경쟁력 확보를 위해, 쉽지는 않겠지만 피할 수 없는 중요한 일 중의 하나가 되었다. 인재가 자원인 우리로서는 창조경제 체제의 중추적 역할을 할 SW중심사회로 들어서기 위한 Action Plan의 첫 단추라고 할 수 있겠다.

창의적 SW융합 인재는 SW기술과 타 분야 기술, 산업, 문화, 예술, 휴먼 감성, 환경과의 융합뿐만 아니라, 글로벌 시장의 관점에서 비즈니스 기회를 포착할 줄 알고, 뜻을 같이하는 재능있고 열정적인 인재들로 팀을 구성할 수 있고, 투자를 유치하거나 파트너십을 맺는 등 비즈니스를 플래닝하고 전개하여 수익성과 성장성을 지속가능하게 실현하기를 모색하는 전략적 사고와 비즈니스 스킬과 마인드까지 겸비하도록 교육하는 것이 중요하다고 본다.

왜, 우리는 실리콘밸리로 가는가?

이러한 SW융합 인재 교육의 중요성의 인식하에, 고려대학교 정보대학의 소프트웨어 벤처 융합전공에서는 과학기술정보통신부와 산하의 정보통신기술진흥센터에서 지원하는 SW중심대학 지원사업을 현재 수행하고 있다.

본 전공은 글로벌 창업기업가 마인드셋(Mindset)을 갖춘 SW산업의 리더급 인재 양성을 교육 목표로 세부 커리큘럼을 마련하고 있다. 더 자세히는, 이러한 교육 목표를 위해 SW기반기술 교과목을 운영하고 국내외 SW기업체 현장실습을 지원하고 있으며, 지적재산권법뿐 아니라 본 책에서 다루는 실리콘밸리와 상하이 단기연수를 교육 커리큘럼에 포함하고 있다.

왜, 창업기업가 마인드셋 교육인가?

SW융합 인재에게는 SW기술과 인문적 소양이나 타 산업 도메인에 대한 지식뿐 아니라, 이러한 것들을 잘 엮어서 궁극적으로는 사용자에게 가격보다 가치가 더 큰 제품이나 서비스를 제공할 수 있는 능력이 있어야 한다. 그리고 비용은 가격보다 작게 유지할 수 있는 비즈니스 성공부등식 "비용 〈 가격 〈 가치"를 추구하는 비즈니스 마인드가 필요하다.

비즈니스 마인드란 사용자가 추구하는 가치, 비즈니스 가치, 기술의 성숙도의 세 가지가 모두 충족되는 혁신이 일어나도록 모든 책임과 권한을 가지고 비즈니스 플래닝과 그 전개과정을 모두 주도적이고 전략적으로 추진할 수 있는 감각, 지식, 의지 등이 갖춰진 것을 말한다. 이것은 성공한 창업기업가의 주인의식과도 상통한다고 본다.

그리고 궁극적으로는 이러한 제품이나 서비스의 지속적인 제공을 통해 세상을 멋지고, 편리하고, 효율적으로 변하게 하고자 하는 Big Picture를 그려볼 수 있는 상상력을 갖추도록 하는 것이 우리 사회를 위해서도 바람직한 것이다.

모든 창업기업가가 이러한 교육을 받아서 성공하였다거나 이런 교육을 체계적으로 받지 않았다고 실패한 것은 아니므로 이것이 성공을 위한 충분조건이라고 장담할 수는 없다. 그러나 이는 분명 성공에 큰 도움을 주는 요소로 작용을 할 것으로 믿기 때문에 본 전공에서는 학생들에게 기본적으로 창업기업가 마인드셋 함양에 관련된 교육을 하고 있다.

창업기업가 마인드셋을 교육한다고 해서 본 전공의 모든 학생들이 창업을 하기를 강요하는 것은 아니다. 취업하여 조직의 일원으로 일하거나 퇴직 후에도 언제든지 자신의 자리에서 좋은 비즈니스 기회를 포착하고, 반짝이는 아이디어로 조직을 위하거나 창업을 위한 비즈니스를 전개할 수 있는 기본 소양과 감각, 식견 등을 갖게 하고자 하는 것이다. SW인력은 다른 분야와 달리 항상 이러한 기능성이 더 많이 열려있기 때문이기도 하다.

이러한 마인드셋을 교육받거나 경험하게 된 학생은 취업을 하게 되더라도 조직에서 주인의식과 책임감을 가지고 적극적으로 문제를 해결하는 능력을 발현하여 리더로 성장할 가능성을 충분히 보여주게 될 것이다. 미국에서 조사한 결과에 따르면, 창업기업가 마인드셋을 교육받았던 사람들은 취업 후 창업기업가 교육을 받지 않았던 사람들보다 평균 연봉과 평균 자산 수준이 모두 높은 것으로 나타났다. 기업의 비즈니스 측면에서 숲을 볼 줄 아는 사람들이 조직에서 리더로서의 역할을 훌륭히 수행할 수 있기 때문이다.

신업 간외 융합이 더욱 활발해지면서 창업기업가 마인드와 비즈니스 마인드는 창업을 목표로 하는 학생들에게나 취업을 목표로 하는 학생늘에게 똑같이 필수적으로 갖추어야 하는 소양이 되었다.

왜 글로벌이며 실리콘밸리에서 배우는가?

국내 SW시장의 규모는 상대적으로 매우 작고 여러 가지 특수한 제약이 있어 창업기업들을 대체적으로 매우 열악한 상황으로까지 몰리게 할 수 있는 문제점이 있다. 이런 연유로 SW관련 창업을 꺼리는 경향이 발생하게 되었다. 그런 사정 때문인지 세계의 산업이 SW주도적으로 바뀌고 있는 상황임에도 글로벌 시장에 진출해서 성공하기 힘들 것이라고 판단하는 것이 국내 분위기다. 그러나 가능성을 발견했다 하더라도 대체로는 한국인들은 영어 및 문화적 습관의 장벽 등으로 도전조차 하지 않는 경향도 많이 있다고 생각한다.

따라서 젊고, 의욕과 패기 넘치고, 우수한 두뇌를 가진 젊은 인재에게 힘들지만 좀 더 빨리 글로벌 비즈니스 감각과 다양한 소양교육을 하여 도전의욕과 자신감을 갖게 한다면 글로벌진출이나 국내에서의 사업성공 가능성도 높아질 것이라고 생각하여 글로벌 수준의 교육을 지향하고 있다.

이러한 판단 하에, 본 전공의 교육과정의 하나로 포함된 해외 단기연수는 학생들에게 벤처의 메카라고 할 수 있는 실리콘밸리와 상하이 현지에서 직접 경험하게 하고, 관련 교육을 받게 하여 글로벌 창업기업가 마인드셋에 대한 의식의 필요성을 더 강하게 느끼고, 눈뜨게 하고자 하는 목표를 가지고 있다.

고려대를 졸업한 다양한 전공의 선배들이 실리콘밸리의 Apple, Google 등 글로벌 기업에서 근무하고 있는 경험담을 직접 들으면서, 학생들이 "나도 실리콘밸리의 글로벌 기업에 취업하는 것이 도전해볼만한 일이다"라는 도전정신을 가지게 되었다.

또한 학생들이 실리콘밸리 스타트업들의 투자유치를 위한 피칭을 직접 들으면서, 한국의 스타트업도 실리콘밸리에서 투자를 유치하여 글로벌 시장을 목표로 하는 글로벌 창업가가 될 수 있는 가능성을 볼 수 있게 되었다.

물론, 실리콘밸리를 모방하고자 하는 것은 아니다. 다만 수많은 성공스토리를 양산하고 있는 그곳의 인재들은 과연 어떻게 노력하며 어떻게 해서 성공하고 있는가를 느껴보자는 것이다. 그러한 체험 없이 우리만의 방식을 고집하는 것은 바람직하지 않다고 본다. 그곳에서 보고 느낀 것을 참고하여 우리들의 방식으로 새롭게 다듬어나가고자 하는 것이 주목적이라 할 수 있겠다.

왜, 연수 경험을 공유하고자 하는가?

짧은 기간이었지만 해외 연수를 통해 받은 자극이 너무 강렬하였고, 삶의 목표 또는 태도가 달라졌다고 할 정도로 많은 것을 보고 느끼고 배웠다고 하는 학생들이 대부분이었다. 그곳에서 학생들이 느낀 바를 각자 여행기처럼 작성해서 제출하는 것만으로는 아쉬웠다. 좀 더 이것을 종합 정리하여 매년 다듬어 나가면서 지속적으로 더 많은 사람들과 여러 가지 유형의 목적으로 공유하는 것이 좋겠다고 생각되었다.

끝으로, 이책은 실리콘밸리에 대해 궁금한 점들을 FAQ(Frequently-Asked-Questions)과 답변을 포함하여 좀 더 깊이 있고 다양하게 구성하지 못한 점이 아쉽지만, 오랫동안 실리콘밸리를 체험한 분석가들 수준의 분석 리포트를 작성하고자 하는 것은 아님을 강조하고자 한다. 초보자인 학생의 관점에서 무엇을 견문하고 강하게 느끼고 왔고, 이후 우리에게 어떤 변화를 주었는가를 정리한 것임을 이해해주기 바란다. 보다 전문적인 관점에서 실리콘밸리를 분석한 책을 원하는 분들에게는 "정글의 법칙"(빅터W.황, 그렉호로윗 저. 권중현, 차두원 옮김), "파괴자들"(실리콘밸리의 특별한 비밀, 손재권 지음)을 일독하는 것을 권하고 싶다.

주커버그 (Mark Zuckerberg, Facebook 창업자) 등 실리콘밸리 영웅들을 능가하는 우리나라 대학 캠퍼스 출신의 소프트웨어 업계의 젊은 영웅들이 연이어 등장하기를 바란다.

2017년 12월

차 례

미래의 젊은 리더 실리콘밸리와 상하이 혁신도시를 가다

미국편

제1부
실리콘밸리 단기연수 활동 개요

Ⅰ. 연수 목표

미국 서해안 도시인 샌프란시스코에 인접한 실리콘밸리는 세계 소프트웨어 산업의 중심지로 1939년 휴렛과 팩커드가 스탠퍼드대학의 한 허름한 창고에서 사업을 시작한 데서 비롯되었으며, 1953년 스탠퍼드 연구단지를 중심으로 전자산업 기반이라고 할 수 있는 실리콘으로 된 반도체 칩을 생산하는 기업들이 대거 진출하면서 실리콘밸리로 불리게 되었다.

새로운 기술과 비즈니스 모델이 만들어지고 있는 실리콘밸리에는 전 세계에서 뛰어난 인재들이 모여 창업 전선에 뛰어들고 있다. 그야말로 도전과 열정의 무대라고 할 수 있다. 이러한 실리콘밸리 연수를 통해서 실리콘밸리의 IT기업을 탐방하고 회사의 환경과 문화를 살펴보며 창업과 해외취업 두 부분에 포커스를 맞추어서 원하는 정보를 얻고, 특히 현지에서 활동하고 있는 선배와 연구원들과의 교류를 통해 세계를 선도하는 미국에서는 어떤 기술이 핵심 트렌드이고, 어떤 부분을 준비해야 새로운 시대에 맞춘 선두주자로써 성공할 수 있을 지를 현장에서 습득하는 것을 목표로 한다.

미국팀의 주요 세부 활동과 내용은 다음과 같다.

- 연수 기간: 2017년 6월 25일~7월 4일
  (9박 10일_여름방학기간)
- 실리콘밸리 기업방문
  * 대기업: Apple, Google, HP, 페이스북, 인텔 등
  * 중견기업: 엔비디아, SAP 등
  * 중소기업: N3N, NeuroSky 등
- 근교 대학방문: 스탠퍼드 대학
- 자연과 문화 체험: 카멜, 컴퓨터 역사박물관, 나사 캠퍼스
- 기타활동:
  * KOTRA 세미나 (KOTRA 관장님 참석)

2. 실리콘밸리 연수를 앞두고

실리콘밸리는 미국의 첨단 산업들, 특히 IT 산업의 요람으로 HP, Apple, Oracle, Intel, Microsoft 등 세계 굴지의 IT기업들이 있으며 이곳에서는 수많은 벤처기업이 희망을 품고 끊임없는 도전을 하는 전쟁터와도 같은 곳이다. 그리고 그 속에서 어려운 노력 끝에 꽃을 피운 Google, Facebook, Tesla 등이 있다. 이들 기업은 창업 후 오랜 시간이 지나지 않아 각 산업군에서 매우 뛰어난 역량을 보여주고 있으며 폭발적으로 성장해왔다.

첨단 기술이 모여서 시작되는 산업에서는 기업의 흥망성쇠를 한 치 앞도 내다볼 수 없다. 첨단 기술을 가지고 시작하는 벤처기업들의 극심한 경쟁이 이뤄지는 실리콘밸리 단기 연수를 통해서 조금이나마 그 치열한 열기와 뜨거운 열정을 느끼는 것이다.

평소 얻기 힘든 소중한 시간으로 Google, Apple 등은 IT관련 직종을 찾고 있는 학생들이라면 누구나 선망할 만한 기업들이다. 하지만 현실에서 느끼는 거리감은 상당하다. 우리가 접할 수 있는 대부분의 정보는 인터넷 검색을 통해 얻게 되는데 다양한 정보가 많이 있긴 하지만 실질적인 정보는 많지 않으며, 가슴에 와 닿지 않는다. '백문이 불여일견'이라는 말이 있듯이 인터넷이나 책을 통해서 보고 듣는 것보다 직접 기업을 찾아가서 현장을 보고 느끼는 것은 차원이 다르다고 생각한다.

이번 단기 연수 활동은 조별로 진행되게 되는데 기업 방문 인원이 보통 4인까지 가능하기 때문에 조당 4인으로 구성되어 기업 방문 및 다양한 활동을 하기로 하였다. 따라서 각 조별로 방문한 기업 및 일정이 다를 수 있으며 일정은 크게 기업 방문 및 세미나 그리고 실리콘밸리 자유 투어로 구분된다.

단기 연수를 통해 굴지의 기업들을 직접 방문해보고 기업 종사자들과 대화를 통해 지식의 습득과 많은 동기 부여를 얻게 되기를 희망한다. 『유형태』

해외 단기 연수 프로그램 중 기업 방문 및 세미나를 통해서 얻고자 하는 목표는 다음과 같다.
>   **1) 기업의 문화, 기업에 입사하기 위한 조건**
>   **2) IT 트렌드의 변화**
>   **3) 선배님들의 커리어 과정**

21세기 기술, 창업 르네상스의 중심지인 실리콘밸리에 방문할 기회를 얻게 되었다. 600년전 거장을 꿈꾸는 미술학도가 피렌체에서 그랬듯이, 미래 Agtech(농업기업) 스타트업 창업을 꿈꾸는 나는 농업 기술 스타트업들이 활발한 미국에서는 어떠한 기술과 비즈니스 모델들이 실행되고 있는지 알고 싶다. 실리콘밸리에서 그곳의 과거, 현재, 미래 모든 것을 보고 이를 바탕으로 장차 어떤 기업을 세워야 할지, 현재 창업의 최전선인 실리콘밸리의 기획자 및 창업자들은 어떠한 방식으로 제품을 기획·마케팅하는지, 그들의 기업 문화는 어떤지 그리고 기회가 된다면 어떻게 실리콘밸리에서 의미있는 커리어를 쌓을 수 있는지도 알고 싶다. 「김민준」

고맙게도 실리콘밸리를 다녀올 수 있는 기회를 잡아서 평소에 궁금하고, 꿈꿔왔던 회사들을 방문하며 많은 동기부여를 받고자 한다. 영문과 출신으로 소프트웨어 벤처 융합 전공을 하고 1년이라는 짧은 시간이지만 집중적으로 컴퓨터 관련 전공 지식을 쌓으며 2번의 창업 시도를 해온 나는 잠시 자신과 눈앞의 일에만 지나치게 집중해 온 시선을 넓힐 필요가 있다고 생각하며 실리콘밸리로 향했다.

나는 장차 자신의 고유한 가치를 발견할 뿐만 아니라 좋은 가치를 온 힘을 다해 습득하고 누군가에게 전하며 살기를 희망한다. 또한 돌아보았을 때 스스로 열심히 살았다고 평가할 수 있는 삶을 추구한다. 위와 같은 점에서 기업가는 내가 추구하는 삶에 잘 들어맞는 직업군이라고 할 수 있다.

4학년 여름 방학, 인생의 진로를 결정하게 되는 중대한 시점에 4차 산업혁명의 중심축을 담당하는 기업들이 모인 실리콘밸리를 방문한다는 것은 남다른 의미로 다가왔다.

따라서 이번 연수는 큰 의미를 두고 구체적인 계획을 하고 떠나며 두가지 의문점을 갖게 되었다.

첫째, "그 곳에서 일하는 사람들은 현 시점에서 어떤 마인드를
가지고 일에 임하고 있는가?"
둘째, "주로 어떤 기술에 더 이목이 집중되고 있으며 현지인들의

평가는 어떠한가?" 였다.

그 밖에도 미국에서 자연스럽게 보게 될 여러 문화적인 요소들과 생활에서 드러나고 있는 기술적 포인트들을 발견하는 것도 하나의 목표였다 .
『배명진』

실리콘밸리 연수는 처음 소프트웨어벤처 융합전공을 지원하면서 내게 큰 매력으로 다가왔던 프로그램 중 하나였다. 나는 미국에서 인기리에 방영 중인 코미디 드라마 '실리콘밸리'를 보면서 젊은 창업자들이 실리콘밸리에서 실제로 겪는 문제와 기회들에 대하여 간접적으로 체험하고 그것에 대한 동경을 가지고 있었다. 하지만 혈혈단신으로 아무런 계획이나 연고 없이 실리콘밸리를 간다는 것은 대한민국으로 치면 '서울에 가서 신진기업을 보고 경험하고 오겠다'와 같은 막연한 상상이라 할 수 있다.

그렇기 때문에 STEP팀들에게 주어진 학교 선배들의 인맥과 실리콘밸리 교우회분들의 가르침은 쉽게 경험할 수 없는 것이라 생각된다. 또한 실리콘밸리에 상주하는 그 수많은 기업이 어떻게 생겼으며 한국과는 어떻게 다른지 알고 싶었고, 그다음 실리콘밸리에서 일하는 것은 실질적으로 어떤 것을 의미하는지, 창업하는 것이 한국과는 어떻게 다른지 배우는 것이 목표이다.
『안도익』

실리콘밸리 단기 연수를 통해 얻고 싶은 것은 단순한 '생업 현장 방문'이 아니다. 외국계 IT업계의 종사자들이 일하는 모습을 YouTube나 facebook을 통해서 접해볼 수 있으나 고국을 떠나 실리콘밸리에서 생업을 꾸린 선배들께 그들이 한국을 떠나기 전에 했던 생각, 미국에서 꿈꿨던 미래 마지막으로 실제로 살아가고 있는 현실이라는 세 가지 질문을 던지고자 한다. 내가 살아가고자 하는 인생을 몇 년 앞서 체험한 그들을 통해서 지금부터 준비해야 할 마음가짐은 무엇인지 알고 싶었고 환상과 실제를 구분하고 싶었다.

「유현호」

제2부
실리콘밸리에서 무엇을 보고 느꼈나?

1장 기업방문

1. Nvidia

엔비디아는 현재 실리콘밸리에서 소위 매우 핫한 하드웨어 기업으로 세계적인 그래픽카드 하드웨어 기업이다, 이는 AI의 필수인 딥러닝에 그들의 그래픽카드 및 GPU가 필수적이기 때문이다. 우리는 운이 좋게도 Josh Park이라는 고려대학교 컴퓨터학과 선배와 연이 닿아 엔비디아에 방문할 수 있었다. 최근의 좋은 성과 덕분인지 엔비디아는 확실히 더 많은 엔지니어들을 고용하고 그들에게 최선의 환경을 제공하고 있다는 점이 느껴졌다. 특히 매니저와 격의 없이 벤치에 앉아 이야기하고 서로 토론하는 모습이 인상적이었다. 이외에도 현재 엔비디아가 전략적으로 중점을 두고 있는 GPU에 대한 설명과 함께 어떻게 실리콘밸리에서 매력적인 일원(Employee)이 되는지에 대해서도 Josh 선배로부터 들을 수 있었다.

『김민준』

GPU 1등 회사인 엔비디아에서 일하고 계시는 박수인 선배님을 만날 수 있었다. 미국에서 박사과정을 마치고 삼성에서 근무하다 현재는 엔비디아에서 시스템 아키텍쳐로 일하고 있다고 한다. 선배께서는 직접 회사 내 오피스와 랩을 견학시켜 주었는데 각자의 큐비클 면이 전부 화이트보드로 되어있었고 직원 모두 개인 공간이 확실히 갖춰져 있었다. 회사 곳곳에 소모품 자판기가 있었는데 일하는 도중 필요한 하드웨어 부품들을 언제든지 구할

수 있게 되어 있으며 엄청난 스펙을 가진 그래픽카드들도 언제든지 얻을 수 있다고 하였다. 이후 말로만 듣던 미국 IT 회사의 카페테리아에도 갔는데 전 세계 각지의 다양하고 신선한 음식들이 저렴한 가격에 먹을 수 있도록 준비되어 있었다.

함께 대화를 나누면서 채용 인터뷰에 관한 얘기를 많이 해주었는데 서류, 전화인터뷰 그리고 현장 코딩시험 순으로 채용과정이 이뤄진다고 한다. 서

nvidia 카페테리아

류 같은 경우는 회사 내부에 아는 사람이 추천해줄 경우 HR에서 보는 화률이 훨씬 높아지므로 네트워킹이 중요하다고 한다. 그리고 코딩시험은 현장에서 바로 업무를 부여한 뒤 이를 완료하면 실무자가 와서 해결 과정을 묻는다고 하니 한 마디로 업무 처리 능력이 있으면 바로 채용한다는 말이다. 말한다면 관련 업무를 바로 하지 못할 경우, 좋은 기회가 주어지기 힘들다는 얘기이기도 하다.

『곽영훈』

자신이 진정 해결하고자 하는 문제가 있기에 그것을 해결하기 위한 가장 최적의 도구이자 수단을 택한다는 느낌으로 접근해야만 한다는 사실을 다시금 깨닫게 되었다.

엔비디아에서 우연히 만난 김기환 연구원과의 대화는 인상 깊었다. 개인적으로 "모든 환경이 잘 갖춰지고 지원도 아끼지 않는 그런 조건에서 마음껏 연구 개발하면서 대가도 충분히 받는 생활이 얼마나 좋을까"라고 감상적인 생각에 빠졌던 적이 있다. 하지만 항상 가장 최신 정보에 귀를 기울이고 뒤처지지 않기 위해 끊임없이 공부해 나가는 것은 사명감이 없이는 감당하기 힘든 일이라는 것을 새삼 알게 되었다. 그런 삶을 살기 위해서는 단순히 최신 기술을 선도한다는 자긍심뿐만 아니라, 자신이 진정 해결하고자 하는 문제가 있기에 그것을 해결하기 위한 가장 최적의 도구이자 수단을 택한다는 느낌으로 접근해야만 한다는 사실을 다시금 깨닫게 되었다.

기업가 정신도 똑같은 맥락으로 이해될 수 있다. 이윤 창출과 사회적인 권위 자체가 목적이 되어서는 사람들을 감동시키고 세상을 변화시킬 수 없다는 근본적인 원리를 우리는 대화하는 그 장소에서 다양한 방식으로 공감하고 확인할 수 있었다. 또한 딥러닝 관련해서 기술적인 질문과 대답도 오 갔고, 어떤 툴(tool)이 실리콘밸리에서 각광을 받고 있는지 등의 정보들도 알 수 있었던 귀한 자리였다.

『배명진』

엔비디아 방문을 했을 때 가장 신선하게 다가왔던 것은 사내 캠퍼스에 다 니는 반려견들이다. 엔비디아에서는 자신의 반려견을 데리고 회사에 출근 을 할 수 있다고 한다. 이러한 회사의 규율을 보더라도 회사가 직원들의 삶 을 소중히 여긴다는 것을 느꼈다. 물론 우리가 기업을 탐방했던 시간이 긴 시간이 아니었고, 우리가 직접 탐방하며 보았던 것보다 보지 못한 부분이 훨 씬 많겠지만, 짧은 시간 느꼈던 작은 부분들에서도 회사에 다니고 있는 직원 들에 대한 배려를 엿볼 수 있었다.

『유형태』

jejim / Shutterstock.com

엔비디아에서는 현재 자율주행차 소프트웨어를 만드는 팀에서 일을 하고 계신 이영훈 선배와 김기환 연구원을 만났는데 이영훈 선배와는 주로 엔비디아에 관한 이야기를, 김기환 연구원과는 딥러닝 기술에 대해 이야기를 할 수 있었다.

현재 엔비디아의 캐시카우는 GPU인데, 엔비디아가 미래를 준비하는 부분은 바로 자율주행이라고 한다. 테슬라와 같은 기업은 기업 내에 충분히 뛰어난 자율주행 소프트웨어를 보유하고 있지만, 이를 만들 역량이 충분하지 않은 기존 제조사 예를 들면 현대나 도요타 같은 대기업들을 상대로 자율주행 소프트웨어 판매 전략을 세운 것이 매우 인상적이었다. 현재 자율주행 기술이 1에서 5단계까지 구분되고 5단계가 사람들이 흔히 상상할 수 있는 '완전 자율주행'이라고 하는데 지금은 약 2단계까지 진행이 되고 있으며, 앞으로 몇 년 후에는 5단계까지는 아니더라도 4단계 정도의 자율주행은 가능할 것으로 예측된다고 한다. 분명 이러한 자율주행 기술로 인해 바뀌는 파급력은 엄청날 것이고, 그것이 머지 않아 분명 가능해진다는 점이 매우 기대되는 일이다. 또한, 엔비디아뿐만 아니라 실리콘밸리의 많은 기업들의 취업 관련 정보도 얻을 수 있었는데 한국과 달리 미국에서는 각 팀에서 새로 필요로 하는 인원을 뽑는데 실제 지금 진행되고 있는 개발에 관해 깊게 물어보고 이를 시행할 수 있는 능력을 갖추었는지를 주로 본다고 한다.

김기환 연구원은 엔비디아에서 주로 컴퓨터 비전쪽에 딥러닝을 접목시킨 연구를 하고 있는데 얘기 중 가장 흥미로웠던 것은 '딥러닝은 미래의 선형대수 같다'라는 것이다. 김기환 연구원의 경우 6년 전부터 엔비디아에서 일하고 있는데, 그 당시에는 아직 딥러닝이 현재처럼 엄청난 가치를 조명받기 전이어서 딥러닝 관련 연구자가 엔비디아에 약 10명 정도밖에 되지 않았는데 현재는 약 100명이 넘는다고 한다. 또한 김기환 연구원의 연구 분야에서도 현재 딥러닝을 활발히 적용하고 있고, 아직까지 성능상 기존의 방법을 앞서지는 않지만 매우 빠른 시간 안에 연산을 처리할 수 있어 발전 가능성이 무궁무진 하다고 한다. 실제 로봇과 사물을 가지고 이를 이미지로 인식시키는 연구를 진행하는 연구과정과 연구환경을 볼 수 있었다. 「이우진」

2. Neuro-Sky

LG 연구원 출신의 인간과학자인 이구형 박사를 만나기 위해 산호세로 이동하였다. 이구형 박사께서는 현재 뇌파를 이용한 스타트업인 뉴로스카이를 창업하여, 20년 넘게 실리콘밸리에서 사업을 하고 계신 분이다.

이구형 박사께서는 실리콘밸리의 실제와 현실에 대해 준비된 자만이 살아남을 수 있다고 말씀하시면서 창업이 특히 실리콘밸리에서 창업이 얼마나 어렵고 고된 일인지 설명해주었다. 즉 언론이 말하는 장밋빛 미래에 취해 무턱대고 창업을 하는 것이 아니라 실리콘밸리의 인력들처럼 기술적 또는 비즈니스적으로 어느 정도 역량을 갖추고 창업을 해야 소위 승률이 높으며 국제적 경쟁력이 있다는 아주 귀한 조언을 해주었다. 구체적으로 실리콘밸

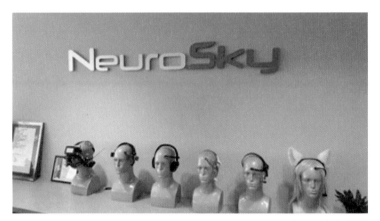

뉴로 스카이 제품들

리는 준비된 인재나 창업가들에게는 천국이나 준비되지 않은 창업가나 엔
지니어들에게는 지옥이나 다름 없다는 이야기이다.

　더 나아가 4차 산업혁명에 대해 깊이 설명해 주면서 앞으로 미래 창업가
들이 어떠한 관점으로 이 사회의 변화를 대해야 하는지 소상히 설명해 주었
다. 이구형 박사의 강연을 들으면서 나 자신의 꿈인 농업기술 스타트업을 하
기 위해서는 더욱 치밀하게 준비해야 함을 깨달을 수 있었다. 기술적으로 또
사업적으로 충분히 준비된 후에 실리콘밸리를 기점으로 글로벌 시장을 두
드려야 헛걸음이 아닌 의미있는 결과를 얻을 수 있겠다는 나름의 확신을 가
지게 되는 계기였다. 　　　　　　　　　　　　　　　　　　　　『김민준』

뉴로스카이는 실리콘밸리에서 10년 동안 자리를 지켜온 중견기업으로 뇌파를 포함한 여러 가지 신체 관련 정보를 측정하는 ECG, EGG 바이오센서를 개발하여 여러 가지 웨어러블, 교육 그리고 고도의 체육 훈련에 사용되는 알고리즘과 제품을 개발하는 회사이다. 뉴로스카이의 CTO인 이구형 박사를 만날 수 있었는데 뉴로스카이가 개발한 다양한 제품들을 소개해 주기도 하고 실리콘밸리의 숨은 면에 관해서도 많은 이야기를 해주었다. 실리콘밸리의 열린 창업 문화와 능력주의 그리고 무한 경쟁주의 등에 대해서 이야기를 들을 수 있었다. 실리콘밸리에서는 경쟁사와도 기술 협업이 빈번하게 일어나며 계약을 조금이라도 어기면 가차 없이 처벌을 받을 수 있고, 학력과 지연을 떠나 능력을 최고의 덕으로 간주한다고 한다. 간단하게 말하면 실리콘밸리는 최고들이 모여서 경쟁을 하고 살아남은 자들은 세계를 움직일 힘과 돈 그리고 기술을 가질 수 있는 곳이라는 것이다. 「김래현」

뉴로스카이는 이구형 박사께서는 인호 교수님과의 인연을 시작으로 고대와 인연을 맺기 시작하여 계속해서 연수를 진행해주고 계신다고 한다. 실리콘밸리에서 벌써 십수 년째 기업을 이끌고 계신 박사께서는 그 기운부터가 남다른 분이었고 이러한 기운 때문인지 약간은 긴장된 마음가짐으로 첫 번째 세미나에 참여하게 되었다.

뇌파를 이용한 기술의 선두주자로 이를 이용한 다양한 상품을 만들 수 있도록 보조해 줄 수 있는 플랫폼이 되어줄 최신 기술을 보유하고 있는 실리콘밸리의 기업 그리고 이러한 기업을 15년 전 창업하고 지금껏 이를 일궈오신

CTO. 이러한 사전 정부를 가지고 어떻게 이곳에서 성공할 수 있었는지 실리콘밸리가 얼마나 창업하기 좋은 환경을 제공해주며 어떤 기회를 얻을 수 있는 곳인지 그리고 그것이 자신의 성공에 어떠한 방식으로 영향을 주었는지 등의 이야기를 생각하고 자리에 임했다.

그러나 예상했던 것과는 다르게『실리콘밸리는 전혀 만만한 곳이 아니다』라는 것이 이야기의 골자였다. "실리콘밸리는 창업자들의 천국이 아니라 창업자들의 무덤이다". 1년에 12,000개의 새로운 스타트업이 생겨나지만 살아남는 것은 100개에 불과하며 이는 엄청난 성공을 의미하는 것이 아니라 '살아남는' 비율을 의미하는 것으로 120대1이라는 단순한 수치로 생각해서도 안 될 것이라는 지적이다.

"실리콘밸리는 창업자들의 천국이 아니라 창업자들의 무덤이다". 1년에 12,000개의 새로운 스타트업이 생겨나지만 살아남는 것은 100개에 불과하다.

모든 스타트업이 엄청난 열의와 성공에 대한 기대로 시작하지만 11,900개는 얼마 지나지 않아 사라지게 되는데 이러한 일이 계속해서 일어나고 있는 장소가 바로 실리콘밸리라는 것이다. 막연한 동기와 목적으로 출발한 연수였기 때문에 준비가 덜 된 상태에서 기댈 곳은 불완전한 정보에 의존한 선입견뿐이었던 것이다. 나름대로 상상했던 기업 방문의 모습과 그 속에서 나누게 될 대화의 내용은 무지갯빛 같은 것들이 있었으나 첫 방문부터 전혀 예상과 반대되는 이야기를 듣게 되어 무척 충격적이었다. 『김래현』

뉴로스카이의 CTO이신 이규형 박사는 한국에서 오는 여러 실리콘밸리 단기 연수와 관련해서 강의도 하시고 실제로 실리콘밸리에서 창업을 하고 오랫동안 사업을 지속해온 실력자이다. 여러 가지 이야기를 해주었지만 가장 마음에 공감을 불러일으켰던 점은 '실리콘밸리는 창업가의 천국이 아니라 무덤'이라는 말이었다. 스타트업이 생기면 일단 생존확률이 약 1% 정도 된다는 이야기를 듣게 되었다. 오히려 어중간한 자신감과 기술만 가지고 도전하면 가지고 있던 돈만 축내고, 몇 달 버티다가 결국 사라지게 된다는 받아들이기 곤란한 현실적인 충고였다.

사실 연수를 하면서 이 충고에 더욱 공감을 갖게 되었다. 교우회와의 만남이나 다른 선배들과도 이야기를 하면서 놀랐던 것은 생각보다 실리콘밸리의 물가가 꽤 비싸다는 것이다. 혼자 살만한 집이 적어도 월세가 300만원이나 하고, 사무실 비용, 렌터카 등 여러 가지를 고려해보면 아무리 연봉이나 투자금이 많아도 쉽지는 않을 것 같다는 생각이 들었다. 물론 이러한 장애물 때문에 목표를 포기할 수는 없지만, 지금까지 자신이 너무 준비가 부족했다는 점을 절실하게 깨닫게 되었다.

그다음에 또 내가 가진 편견을 깨주었던 것은 '창업해서 가장 성공을 많이 하는 연령대는 30대 후반~40대 초반'이라는 이야기였다. 오히려 빌 게이츠나 마크 주커버그 같은 경우는 특별히 이례적이라는 것이다. 사실 국내에서는 많은 젊은이가 20대에 반드시 창업을 해야 한다는 일종의 강박관념이 팽배되어있는 상황이다. 창업의 적당한 시기에 관련하여 가장 많이 들었던 말이 부담이 없는 시기에 창업을 하는 게 좋다는 이야기를 들었던 것 같다. 솔직한 마음으로는 빠른 나이에 성공하고 싶은 욕망도 있었던 것 같고 그래서 더욱 조급한 마음을 가지고 살아왔던 것 같다. 산업의 흐름을 읽어내고 한 분야의 전문가가 되어서 스스로 일정 수준 이상의 네트워킹 능력과 비즈니스 마인드 등을 갖추어야 하는 것은 당연하다.

이러한 잘못된 상식을 깨버린 좋은 계기가 되는 만남과 동시에 전혀 생각하지 못했던 한 가지의 중요성도 깨닫게 되었는데 그것은 바로 '매너' 이다. 실리콘밸리도 결국 주류사회는 미국 백인 상류층 사회이다. 어쨌든 이곳에 진출을 하게 되면 이들이 투자자가 되고, 협력사 또는 경쟁사의 중요 직위에 있는 사람들인데 이들은 '매너'를 특별히 중요하게 여긴다는 것이다. 미국 백인 주류사회에서의 통용되는 상식적인 것 정도로 이해를 하고 있지만 사실 이 개념이 정확히 이해는 되지는 않는다. 어쨌든 이러한 매너의 종류에 구체적으로 무엇이 있는지는 아직 잘 모르지만 이러한 것이 잘 지켜지지 않으면 아무리 좋은 PT를 해도 투자를 받기 힘들고, 실리콘밸리에서 살아남기 힘들다는 이야기를 들었다. 이에 대해서는 좀 더 주의를 기울여야겠다는 생각을 하게 되었다.

마지막으로 중요한 것은 비즈니스를 위해 공부해야 할 것들을 알려 주었는데 특히 학자와의 차이점을 언급해주어서 개념을 잡는데 상당한 도움이 되었다. 학자는 실패를 통해서 어떠한 것이 불가능하다는 것을 증명하는 것으로 유명해지지만, 기업은 불가능하다는 말이 아니라 항상 언젠가 가능하게 될 것이라는 마음가짐으로 해야 된다고 한다.

IT 산업이 급속도로 발전하면서 지금 현재는 전문가적인 기술을 가지고

있다고 하더라도 5년 안에 전부 구식 기술이 되어 버리는 것이 현실이라고 이야기하면서 기술적 전문성은 기본으로 가지고 있어야 되고 동시에 인간 행동(Human behavior)에 대한 탐구가 매우 중요하다고 하였다. 특히 인간 행동은 기술과는 달리 생각보다 크게 변화하지 않기 때문에 이것에 대해서 끊임없는 연구와 공부를 해야 함을 일러 주었다.

항상 사업을 해야겠다고 생각하면서도 기술 중심적으로 생각하는 버릇이 있었는데 사업이라는 것은 우선 인간 행동을 분석하고, 그것을 좀 더 효과적으로 하기 위해 기술을 결합하고 그다음 비즈니스 모델을 더하면 그 자체가 창업이 되는 거라는 이야기는 참으로 간단하면서도 내가 항상 고민하던 질문에 대한 명료한 답이 되었다. 항상 사업을 하고 싶은 마음은 있었지만, 사업 아이템을 어떻게 선정하고 발전시키는지에 대해서 의문이 있었는데 지금껏 핵심을 놓치고 있었다는 것을 깨닫게 되었다. 사실 선배 분과의 만남은 1시간 정도의 짧은 만남이었지만 헤어지고 난 후에 숙소로 돌아와 곰곰이 생각을 하다 보니 많은 것을 얻게 되었다는 생각을 하게 되었다. 『박상용』

실리콘밸리라는 정글에서 훌륭하게 버텨온 뉴로스카이를 방문한 것은 큰 의미가 있었다. 바이탈(Vital)을 측정하는 팔찌나 뇌파 측정을 통해 집중하고 있는 상태를 감지하는 머리띠 등의 기술 기반으로 성장한 뉴로스카이의 공동 설립자이자 CTO인 이구형 박사께서는 상품이 잘못 사용됨으로 인한 리콜 경험 등 많은 성공사례와 실패사례들에 대한 설명과 아낌없는 조언을 해 주었다. 여기서 배운 점은 제품을 사용자가 때로는 거칠게 혹은 전혀 예상하지 않았던 방향으로 이용할 수도 있음을 염두에 두어야 한다는 것과 더불어 원천 기술에 감성과 사용성을 더해서 상품으로 만들어 내는 능력 또한 매우 중요하다는 사실이다. 뉴로스카이의 경우 뇌파를 측정하는 기술을 보유하고 응용하여 한국 기업으로 2013년 기준 천만 달러의 매출과 더불어 '전미(全美) 기술혁신상'을 수상하여 실리콘밸리에서도 주목 받는 기업 중 하나이다.

　그분들이 이루어내고 계속 발전시켜 나가는 것에 경외감을 느끼며 향후 내가 세상에 내놓을 상품이 가져야 할 덕목들에 대해서 떠올려 보았다. 서비스도 무형의 상품이기 때문에 모든 상품은 관리의 대상이 된다. 상상력을 극대화하고 다양한 상황과 필요를 예측하여 상품을 기획하는 것이 우선되어야 하며 그런 노력들 하나하나가 상품의 디테일에 녹아져 있는 상품을 만드는 것을 앞으로의 목표로 삼는 좋은 계기가 되었다. 『배명진』

　뉴로스카이는 이구형 박사께서 실리콘밸리에서 창업한 기업으로 우리팀의 숙소였던 산호세에 위치해있다. 뉴로스카이는 뇌파 인식 기술을 기반으로 비즈니스 모델을 구성한 회사로서 이구형 박사께서 강조한 것은 기술보다 '사업화' 혹은 '상용화'라는 토픽이었는데, 한국은 뛰어난 기술을 많이 가지고 있지만 사업 모델로 발전시키는 능력이 매우 부족하다는 주장이다.

　이구형 박사는 뉴로스카이를 통해 실제로 새로운 비즈니스 모델을 개발했는데 이는 뇌파 감지 센서를 사용하여 쉽게 새로운 발명품을 만들 수 있는

B2B 플랫폼이다. 예를 들어, 세계적인 장난감 기업 '마텔'은 뉴로스카이의 플랫폼을 사용하여 '스타워즈' 장난감을 만들었는데, 뇌파를 통해 멀리 있는 물체를 움직이게 하는 영화의 콘셉트를 살린 제품이다. 또한, 뉴로스카이의 기술을 통해 만들어진 집중력 향상 툴은 에듀테크(edutech) 특히 스포츠 트레이닝 분야에서 획기적인 툴로 인식 받고 있다. 이구형 박사는 이 집중력 툴을 사용해 국내 올림픽 양궁 팀을 훈련시켜 우수한 성적을 거두었고, 이러한 성과 덕에 현재는 미국 양궁 팀을 훈련시키고 있다고 한다. 이렇게 성공을 거둔 이구형 박사께서도 실리콘밸리는 성공하기 매우 힘든 곳이라고 이야기했는데, 남들보다 뛰어난 기술력 그리고 소비자의 니즈를 정확하게 파악한 상용화, 이 두 가지가 전제되지 않으면 결코 성공할 수 없다는 생각으로 임해야 한다는 것을 알게되는 중요한 계기가 되었다.　　　　　　　　『안도익』

뉴로스카이는 뇌파를 활용한 생체 신호 처리 기술을 연구개발하고 있다. 뇌파와 더불어 심전도, 혈압, 심박수 등등의 기술도 연구 개발하여 응용 제품을 생산하고 있다. 뉴로스카이의 CTO 이구형 박사께서는 실리콘밸리에 10여년이 넘게 계시면서 얻은 성공과 실패, 경험과 노하우가 풍채에 그대로 드러나 개발자라기 보다는 CEO같은 느낌이 들었다.

실리콘밸리의 창업은 저마다의 혁신 기술 혹은 노하우를 가지고 시작한다. 세상을 좀 더 빠르게, 단순하게, 편하게 만들어 주는 이러한 특별한 기술을 가지고서도 성공하기 힘든 곳이 바로 실리콘밸리여서 시장성, 기술 가능성, 성장성 중 뭐 하나라도 빠지게 되면 바로 도태되어 버리기 때문에 수

많은 VC는 냉철하게 시장 분석을 해야 한다. 순진하게 장밋빛 미래 만을 기대하고 창업한 사람들은 금방 떨어져 나간다고 한다. 실리콘밸리 시내에 있는 노숙자들이 창업했다 망한 선배들이라는 농담이 있을 정도로 치열하게 노력해도 안 되는 것이 창업이라고 한다.

이구형 박사께서는 이점을 계속 강조하였다. 미국의 법률에 대한 이해부족으로 망한 일례를 들자면 핸드폰에 꽂아서 사용하는 호신용 전기충격기를 만든 두 여성 창업자가 있었는데, 두 여성은 온 힘을 다해 제품을 만들고 투자를 받았지만 결국 법에 걸려 그 꽃을 다 피우지 못했다는 것이다. 이처럼 창업을 위해서는 시장성, 기술 가능성, 경쟁 우위, 투자 트랜드 그리고 현지 법률해석에 대한 충분한 사전 검토가 필요하다. 벤처기업이라는 나룻배는 딱 맞는 순풍, 물살, 그리고 잔잔한 파도까지 갖춰져야 전진을 할 수 있을까 말까 하다는 것이다.

> 핸드폰에 꽂아서 사용하는 호신용 전기충격기를 만든 두 여성 창업자가 있었는데, 두 여성은 온 힘을 다해 제품을 만들고 투자를 받았지만 결국 법에 걸려 그 꽃을 다 피우지 못했다는 것이다.

박사께서는 잘나가던 과거와는 또 다르게 현재는 사업이 주춤하다는 말을 조심스럽게 꺼내셨다. 실리콘밸리의 높은 파고를 경험하고 계신 분을 만나니 현실에 눈이 트였다. 창업이 항상 순풍만을 만날 수는 없다. 이외에도 뉴로스카이의 뇌파 감지 기술을 이용해 만든 다양한 장난감 및 스마트 팔찌를 보며 한국인이 실리콘밸리에서 기업을 일구고, 10여년 넘게 지속해왔다는 것에 대해 경외심을 갖게 되었다. 『유현호』

3. Google

운이 좋게도 세계에서 시가총액으로 두 번째로 큰 최대의 IT기업, 구글 본사를 방문하여 실제로 일하는 선배들을 만나 볼 수 있는 기회가 주어졌다. 잔뜩 기대에 찬 마음으로 구글에 도착했을 때 아니나 다를까 구글은 회사가 아니라 하나의 마을을 방불케 할 만큼 수많은 건물과 넓은 녹지를 보유한 큰 규모를 갖고 있었다. 구글

은 직원들을 위한 식당 여러 개를 갖추고 있는데, 식당 종류가 세계 각지의 음식들을 다 먹을 수 있을 만큼 다양하고, 식당과 카페는 직원들을 위해 널찍하고 쾌적하게 조성되어 있었다. 나중에 들은 이야기지만 직원들이 회사 안에만 머무르게 하기 위한 구글의 '꼼수'라고 하니 왠지 씁쓸한 느낌이 들었다.

조영상 선배는 국내에서 박사과정까지 수료 후, 구글 코리아에서 개발직으로 일을 하다가 구글 본사로 이전한 케이스이다. 외국계 회사들은 부서 간

이동이 매우 용이하면서도 어렵다고 한다. 부서 간의 이동을 지원하고 선택 받는 일이 많다고는 하지만 새로운 부서에서 수행하는 일을 교육 없이 할 수 있어야만 이동이 가능하다는 점을 분명히 해야 한다고 한다. 부서간의 이동이 쉽지는 않지만, 이동 후에는 처음 실무 과정을 찬찬히 익힐 수 있도록 하는 한국의 기업 환경과는 사뭇 달랐다. 선배는 구글 본사로 이직한 후 구글의 IOT 관련 사업부에서 일하고 있는데 구글의 직급에 관련하여 물어보니, 철저히 능력에 따라 진급이 이루어진다고 설명해 주었다.

구글에서는 엔지니어이든 사무직이든 간에 1부터 10까지의 레벨이 존재하는데, 레벨이 높아진다는 것은 한 단계 진급한다는 것을 의미한다. 철저히 능력에 따라 진급이 결정되기 때문에 레벨이 높은 사람이 나이가 어릴 때도 많고, 부서 이동과 비슷하게 높은 직군에 올라가기 위해서는 진급 전에 이미 그 높은 직급에 일을 할 줄 알고, 또 하고 있어야 한다고 한다. 예를 들면 팀에서 암묵적으로 팀 리더로 일하고 있는 사람이 결국 팀 리더로 승진하게 된다는 말이다.

마지막으로 조영상 선배는 구글의 전반적인 회사에 관련한 설명을 해주었다. 구글은 철저한 엔지니어 중심 DNA를 가지고 있는데, 이는 회사의 방향성을 결정하는 의사결정권이 사업개발이나 세일즈팀이 아닌 엔지니어에게 달려있다는 말로 경영학과인 나에게는 매우 안타까운 소식이지만, 한편으로는 구글이 알파고와 같이 진보된 제품을 내놓을 수 있는 비결이 여기 있다는 생각이 들었고, 구글의 방침에 대해 전반적으로 납득이 가는 시간이었다.

식사 후 구글의 성장 역사를 담은 박물관에서 대화를 더 나누었는데, 박물관에서 두 가지 감동을 받았다. 첫 번째는 박물과 중간에 놓여져 있던 고무공-수영장이었는데 과거 구글 행사에 사용되었다가 버리지 않고 구글 본사 내에 보관했다고 한다. 나는 홀린 듯이 고무공-수영장 안에 들어가서 유치원 시절을 떠올리며 팀원들과 놀았는데 구글이 원하는 것도 이런것 아니었을까 생각한다. 일을 하기 위해 모인 곳이 직장이지만 직장에서 사람들과 어울리고 자유롭게 일할 수 있다면 그것은 단순히 직장이 아니라 삶의 일부가 되는 것이 아닌가 라는 생각이 들었다. 두 번째로 눈에 들어온 것은 구글의 초창기 멤버들을 담은 사진이었는데, 사진 하나에 다 담기는 사람들의 숫자를 보면서 구글과 같은 대기업의 시작도 역시 스타트업이었다는 사실이 놀라웠다. 한국에서 큰 꿈을 안고 창업하는 학생, 친구, 선배들도 구글과 같은 대기업을 일구어 낼 수 있는 것이 아닌가라는 생각이 들었고, 결국 미래 한국을 발전으로 이끌어갈 주체는 스타트업이라는 확신이 들었다.　　『안도익』

미국에 도착한 후에 제일 먼저 한 일은 현재 구글에서 엔지니어로 일하고 있는 조영상 선배를 만난 일인데 석박사를 고려대에서 마치고, 구글 코리아에서 4년간의 업무를 마친 후에 미국에 오신 분이다. 외모나 행동, 어투 모두가 '구글'하면 떠오르는 전형적인 개발자 이미지와 비슷해서 선뜻 놀랐다. 구글은 보안 때문에 사내진입이 전면 금지 되어 있어 사내 카페테리아 만 이용할 수 있다. 카페테리아에서 본 놀라운 점은 바로 구글의 사내 복지이다.

구글은 국적이 다양한 사내 직원들을 위해서 중식, 양식, 할랄 음식 등 다양한 음식을 무료로 제공하면서 직원들의 점심값 부담을 덜었는데 이는 단순 복지성 측면보다는 업무 이외의 다른 이유로 근무의 흐름을 끊지 않으려는 구글의 노력으로 여겨진다. 대부분의 기업이 경영자나 기획자 중심이지만 구글은 철저하게 엔지니어 중심의 회사이다. 따라서 선배께서는 딱히 영업 팀으로 부터의 요구사항이 없다는 이야기를 하였다. 삼성이나 LG같은 경우는 소비자의 트렌드에 맞춰서 제품을 제공한다. 전통적인 IT 전자제품 제조업체들은 소비자 트렌드를 빠르게 읽어서 제품에 반영하는 정책을 취한다. 그러나 구글은 이와 다르게 탁월한 기술과 소프트웨어를 바탕으로 소비 트렌드를 직접 주도한다. 자사의 기술과 미래를 이끌어갈 새로운 기술을 발표하는 자리인 '구글 I/O'를 전 세계가 집중하는 이유도 이와 마찬가지이다. 엔지니어 중심이기 때문에 IT기술의 상상력을 저해하는 요소가 훨씬 적고, 다양한 분야에서의 기술 발전을 이루어낼 수 있는 이유도 여기에 기인한다고 볼 수 있다.

벤처의 모습을 많이 담고 있던 2000년대 초·중반엔 없었던 문화가 현재 구글엔 많이 생겼다고 한다. 바로 '대기업'에서 볼 수 있는 위계질서와 사내 정치다. 이제 구글은 더 이상 몇 십, 몇 백명이 일하는 중소기업이 아니고 전 세계 수 만명이 일하는 거대한 회사로 군림하고 있다. 더 이상 수평적인 조직으로만 존재할 수 없게 된 것이다. 따라서 이를 관리하기 위해서는 좀 더 효율적인 체계가 필요하게 되고, 결국 합리적인 체계를 만들게 되었다. 엔지니어 또한 LV.1부터 LV.10, CTO까지 다양하게 존재한다고 한다. 그러나 구글 만의 독특한 인사관리를 유지하는 것은 바로 승진체계에 있다. 우리나라 같은 경우는 부장이 되면 부장의 일을 맡고 임원이 되면 임원의 직책을 맡는 선직책이 후책임의 경우가 대부분이나 구글의 경우는 스스로가 승진된 직책에 맞는 업무를 해낼 능력을 보여주면 승진이 된다고 한다. 직접 프로젝트를 주도하고, 팀장 역할을 주도하면 그에 맞는 직책이 주어지는 것이다. 또한 업무 평가를 전혀 모르는 제 3자가 데이터만 보고 평가함으로써 인사관리의 객관성을 높인다. 거대 기업을 관리하기 위해 효율적인 체계를 채택하면서도, 그 안에서 이루어진 직급의 높고 낮음은 객관성을 취함으로써 직원들의 불만을 줄였다. 구글은 창업 당시부터 이러한 조직 관리에 많은 시간을 할애했다고 한다. 하나하나의 체계를 완성한 구글의 인사팀이 대단하다는 생각을 했다. 추후에 기업을 설립함에 있어 나 또한 많은 시간을 들여 합리적이고 납득할만한 조직 체계를 완성해야겠다는 생각을 하였다.

　선배께서는 한국에서 석박사 과정을 마치고 바로 구글 코리아에 입사하여 4년 가량의 구글 코리아 경력 끝에 여기 실리콘밸리 본사의 구글 서치 부분으로 이직을 하였다고 한다. 미국에 온 이유를 물으니, '발전하기 위해서'라고 하였고 그러기 위해 한국을 떠났고 미국의 본사엔 세계에서 가장 유능한 엔지니어가 모이니 자기 역량을 계발하기에 가장 적합한 곳이라 판단하였다고 한다. 과연 실리콘밸리에서 꿈꿨던 것을 이루었냐는 질문에 '어느 정도'라는 답을 하였다.

　엔지니어들과의 활발한 교류와, 새로운 기업 문화는 괜찮았지만, 실제로 삶의 질이 나아지지는 않았다고 한다. 높은 물가 때문에 벌어들인 돈을 모으기가 사뭇 힘들었고, 엔지니어끼리의 경쟁 때문에 집에서 근무하는 시간도 상당하다고 한다. 철저한 성과주의기 때문에 대부분의 직원들은 집에 가서도 업무에 매진한다고 한다. 표면상으로는 모두 4시에 퇴근하지만, 실제로는 12시, 1시 정도까지 메신저에 로그온 되어있는 사람이 십중팔구라고 하니 우리나라에서는 삶의 질을 운운하며 야근을 줄인다는 말을 많이 하는데, 성과 위주인 이곳에서는 야근수당도 사치였다. 사원들의 직업 유지가 그나마 보장되는 한국에서는 야근을 통해 성과를 도출하려고 하지만 미국은 성과로 인해 퇴직 당하거나 이직 당하는 게 다반사이기 때문에 사원들이 필사적으로 자신의 업무를 다하기 위해 노력할 수 밖에 없는 상황이다. 실제로 한국과 미국, 두 지역의 기업에서 직접 일을 해본 것이 아니기 때문에 어떤 문화가 더 낫다고 말할 수는 없지만 창의적인 발전과 실력 만으로 승부를 걸 수 다면 미국의 경쟁적 문화에 도전해 볼 만하다고 생각한다.

『유현호』

> 실제로는 12시, 1시 정도까지 메신저에 로그온 되어있는 사람이 십중팔구라고 하니 우리나라에서는 삶의 질을 운운하며 야근을 줄인다는 말을 많이 하는데, 성과 위주인 이곳에서는 야근수당도 사치였다.

어쩌면 이번 연수에서 가장 기대했던 일정이 아니었나 생각이 든다. 처음으로 구글 캠퍼스를 본 느낌은 일단 '정말 넓다'였다. 차를 타고 선배를 만나기로 한 주차장으로 가는 데에도 몇 분이 걸릴 정도였다. 촌스럽게 느껴질 수도 있지만 한 손에는 맥북과 다른 손에는 커피를 들고 있는 구글 직원을 한참 동안 동경의 눈빛으로 쳐다보기도 했다. 건물 하나 하나 어떤 일을 하는 곳인지 궁금해서 기웃거리기도 했지만 아쉽게도 건물 내부는 사내 보안 규정 때문에 출입이 금지되었었고, 선배가 근무하는 건물의 1층과 카페테리아 그리고 방문자 전용 박물관을 둘러볼 수 있었다.

선배와 점심 식사를 같이 하면서 알게 된 여러 이야기들을 나열해보자면, 첫 번째로 구글은 대다수의 회사들이 직책이 높아짐에 따라 업무의 규모가 커지는 것과는 달리 엔지니어들을 1레벨에서 10레벨까지 분류하여 엔지니어 스스로가 진행 중인 프로젝트에서 꾸준하고 높은 성과를 보여줄 수 있음을 증명하거나 프로젝트를 개인적으로 구상하여 일정 성과를 보여줌으로써 승진이 이루어진다고 한다. 다시 말해 직접 프로젝트를 주도하고, 관리할 수 있는 능력을 증명할 수 있어야만 승진할 수 있는 확률이 높다는 것이다. 물론 2000년대의 구글의 문화와는 사뭇 달라졌지만, 그동안 구글이 성장한 규모와 직원 수를 생각해보면 나름의 위계질서와 좀 더 높은 직급에서는 나름의 사내 정치가 없을 수는 없다고 한다.

두 번째로는 직원(엔지니어)의 경우 제 3자가 그 직원의 프로젝트나 기타 업무 관련 데이터를 보고 업무 평가를 행함으로써 좀 더 객관적인 인사 관리를 해나가고 있다고 한다. 따라서 성과주의에 맞추기 위해 항상 자신의 능력을 증명할 수 있어야 하고, 방법을 생각하고 있어야 한다. 선배의 경우 한국에서 석·박사 과정을 마치고 구글 코리아에 입사하게 되었는데, 개인적인 역량을 좀 더 개발하기 위해 미국 본사에 지원했다고 한다. 여러 나라에서 모여든 유능한 엔지니어들이 있으니 현실에 안주할 틈이 없는 것이다. 실제로 퇴근 후 집에서도 업무를 하는 사람들이 많다고 한다. 한국에서는 상대적으로 안정적으로 직급이나 위치를 유지할 수 있지만, 구글에서는 성과에 따라 직장을 옮길 수도 있기 때문에 항상 노력해야 함을 강조하였다.

선배의 여러 귀한 정보들을 전해 들으면서 만약 마음 속으로 꿈꿔왔던 구글에서 일하게 되더라도, 내가 과연 그 여건에 맞게 항상 노력하고 열심히 살 수 있을 것인지에 대한 의문이 들었다. 그에 따른 스트레스나 삶의 질과의 균형이 어려울 것 같다는 생각이 들었다. 호수 위의 백조처럼 겉으로 보면 우아하지만 물 밑에서 보면 그렇지 않듯 실제로 현업에 종사하고 있는 선배의 이야기들을 들어보니 그러한 로망들로부터 벗어나 좀 더 현실적으로 생각할 수 있게 되었다. 꼭 전공 분야가 아니더라도, 한 분야의 전문가가 되기 위한 노력을 할 수 있는 엔진을 가져야겠다는 생각을 한다. 그것을 넘어 세상의 트렌드를 주도할 수 있는 사람이 되려면 얼마나 멋지고 스마트한 사람이어야 할지 생각해보기도 했다.

또한 방문자 센터에서 선배께 학부 시절의 개인 프로젝트를 진행함에 있어서 어떻게 진행하는 것이 좋은지 조언을 구하니 개인 프로젝트는 다양한 분야에 있어서 진행하는 것이 좋고, 디자이너와 같이 하는 것을 추천하였다. 아무리 좋은 아이디어의 프로젝트가 있더라도, 그것을 접하거나 사용할 사람들이 사용하거나 보기에 불편하면 그 효과가 덜하기 때문이고, 또한 나중에 자신의 과거 프로젝트들을 정리하여 보여줄 때 빛을 발할 수 있다는 답을 들었다.

『이찬주』

4. apple

기술 혁신을 통한 시장 확보의 신화를 만든 애플은 1976년 4월1일 스티브 잡스와 스티브 워즈니악, 로널드 웨인이 설립한 개인용 컴퓨터 회사로 현재 10만명 훨씬 넘는 종업원을 거느린 다국적 대기업으로 각종 신화를 새롭게 만들고 있다.

특히 내 경우 평소에 애플을 선호해 사용하고 있어서 실제 애플 본사를 방문할 수 있다는 것에 매우 고무되었다. 애플에서는 현재 소프트웨어 엔지니어로 아이폰의 ios 통신 관련 업무를 맡고 있는 양순섭 선배를 만났고 주로 현지 취업과 관련된 이야기를 들을 수 있었다.

스티브 잡스가 사용했던 회의실 등이 있는 현재 애플 캠퍼스(infinite loop)는 전 직원을 수용할 수 없기 때문에 새로운 애플캠퍼스를 건설하고 있다. 애플뿐만 아니라 미국의 많은 IT 기업들은 한국과 달리 회사 캠퍼스 안을 마치 공원처럼 조성해 놓은 경우가 많다.

양순섭 선배로부터는 주로 미국 취업과 회사생활에 관련된 정보들을 들을 수 있었는데 현재 애플뿐만 아니라 실리콘밸리에 위치한 IT 기업들은 모두 엔지니어가 그렇게 넉넉히 있는 상황이 아니기 때문에 경쟁적으로 좋은 엔지니어들을 뽑고 있다고 한다. 특히 중국계와 인도계의 엔지니어가 많다

고 하는데, 이로 인한 사내 정치 이슈들도 생긴다고 한다. 한국인들이 불리한 부분이 주로 영어인데, 이는 업무를 볼 때는 크게 문제가 되지 않지만 사내 정치에서는 이게 문제가 될 수 있다고 하였다. 따라서 업무 외적으로도 영어를 잘하는 것이 당연하지만 매우 중요하다고 느껴졌다.

애플의 경우 팀 단위로 직원을 채용하며 채용 방식도 엔비디아와 매우 유사하다. 선배께서는 한국 사람들도 매우 뛰어난데 도전을 하지 않는 것 같아 아쉽다고 하였다. 애플의 경우에는 소프트웨어만 하는 것이 아니고 하드웨어도 같이 하기 때문에 보통 하드웨어 팀의 경우 소프트웨어 팀보다 조금 더 힘든 면이 있다고 하는데 이는 아무래도 실제 제품이 나오는 하드웨어의 특성에 기인한다고 볼 수 있다. 엔지니어로 지원하지 않을 때는 취업의 문이 크지는 않지만, 충분히 한번쯤 도전할 수 있다는 생각이 들었고 이를 위해 한국에서 충분한 준비를 해야 겠다는 생각이 들었다. 「이우진」

5. N3N

N3N이라는 한국 회사이지만 미국 시스코에서 투자를 받아 미국 지사를 낸 한국계 회사이다. 여기서 Business Development를 하시는 선배를 만났다. 이 선배의 커리어를 들으면서 놀랐던 것은 우선 '문과' 출신이라는 것이다. 외국인이 실리콘밸리에 진출하기 위해서는 보편적으로 '개발자'만이 가능하다는 생각을 할 수 있다. 그러나 개발자가 해외로 진출하는데 절대적으로 유리한 것이 사실이지만 반드시 개발자가 아니더라도 기획, 구매 등으로도 진출할 수 있다.

이 선배를 통해 우선 엔지니어가 아니라면 MBA를 통해서 진출하는 것이 가장 쉬운 통로라는 것을 들을 수 있었고, Hard Skill(기술적 능력)뿐만 아니라 Soft Skill(대인 관계 능력 등)도 중요하다는 것을 배울 수 있었다. 면접에서 기술적인 능력은 사실 검증이 가능하지만 회사라는 것이 결국은 혼자서 일하는 것이 아니기 때문에 특히 실리콘밸리에서 팀원들과 최소한의 인간적인 교류 등이 불가능하다면 살아남기 힘들다는 것을 강조해 주었다. 실제로 승진을 하다 보면 흔히 말하는 높은 직책일수록 어릴 때부터 Team Sport를 즐겨하는 사람이 많다는 이야기를 해주었는데 이런 활동을 통해 자연스럽게 팀에서 어떻게 행동해야 하는지를 배운 사람이 계속 승진을 하고 성공할 수 있다는 것을 알려주었다.

개인적으로 이 부분은 약하다고 생각해온 부분이었는데 스스로 노력해야 겠다는 생각을 하게 되었다.

또한 기술적인 부분에서 실리콘밸리의 거품이나 유행에 대해서 언급하였는데 우선 실리콘밸리가 현재 거품이 껴져 있는 상태인지 아니면 펀더멘탈이 바뀐 것인지 확신할 수는 없지만 거대기업이 벤처기업을 자주 M&A 한다는 점 등을 보면 다소 거품이 존재하는 것 같다는 지적을 해주었다. 사실이것보다 더 인상 깊었던 것은 아직 기술적으로 과장된 부분이 많은 것 같다는 이야기이다. 머신러닝, VR 등이 분명히 핫한 분야이지만 실리콘밸리에서는 이미 한 유행 사이클이 돌고 시장에 실제로 적용하기 위해서는 아직 기술적인 개선이 많이 필요한 것으로 여겨지고 있다고 한다.

한국은 이러한 유행에 1년 정도 뒤지는데, 다소 머신러닝 등 신기술의 완성도에 대해서는 깊게 고려하지 않고 환상을 가지고 있는 것 같다는 지적을 해주었다. 실제로 한국 기업들이 얼마 전에 머신러닝 전문가들을 영입하려고 실리콘밸리에 많이 왔었다고 하는데 영입을 한다고 해도 그들이 기대하는 수준은 아직 어렵다는 것이 대세라고 한다. 나아가 실리콘밸리의 기술적 유행에 연연해서 기술의 완성도라는 현실을 정확히 파악하지 못하는 오류를 범해서는 안 된다고 지적하였다.

자신의 커리어를 발전시키면서 머신러닝 쪽에 관심이 있었지만 지금 진입하기에는 늦은 것은 아닌지 불안감이 있었다. 하지만 이러한 얘기를 듣고, 지금부터 공부하고 기업에서 중요한 역할을 맞을 30~40대 즈음에는 이러한 기술을 꽃피울 수 있겠다라는 확신을 가지게 되었다. 『박상용』

6. HP

HP는 미국 실리콘밸리 팔로알토에 안착한 기업의 시조로 꼽히며 세계 벤처기업 1호로 호명될 정도의 비중에 맞게 빌 휴렛과 데이비드 팩커드가 1939년 창업을 준비하던 차고는 캘리포니아 주 정부가 '실리콘밸리의 발상지'라는 유적지로 지정하여 보존하고 있다.

HP는 친환경적인 건축디자인으로 크게 높지 않지만 굉장히 넓고 디자인이 잘된 건물로 감탄할 만했다. 우리는 HP에서 HR 직무로 일하고 계신 박동진 선배를 만났는데 박선배는 한국 삼성전자에서 7년간 일하다가 미국 대학원에서 석사학위를 취득하고, HP 싱가폴 지사에서 근무하다가 미국지사로 이동한지 2년 정도 되었다고 한다.

HP 사내를 둘러 본 뒤 사내식당에서 점심을 먹으면서 해외취업에 대한 여러 현실적인 조언을 듣게 되었는데 우선 미국취업을 하려면 미국 비자가 나와야 한다고 한다. 그런데 그 비자가 나오기가 쉽지않고, 미국에서 대학원을 나와야 그나마 비자가 나와서 그 기간 동안 연장할 수 있는 기회가 생긴다고 했다. 결국 학부 출신으로 한국에서 미국취업을 하기란 불가능에 가깝다는 현실적인 조언을 들었다. 그래서 미국취업을 원한다면 국내취업을 한후 몇 년간 일하다가 해외에서 석사를 취득하고 해외취업을 해서 경력을 인

정 받아 오는 것이 좋은 방법 중 한 가지 방법이라고 한다.

해외취업에 대한 막연한 관심은 박동진 선배의 현실적인 조언을 듣고 우회하여 일단 국내 취업 후 석사학위를 국외에서 받아서 해외 취업으로 이동하는 경로에 대해 검토해 보기로 했다.　　　　　　　　　『김민상』

서로의 방으로 통하는 문 또한 항상 열려있었기 때문에 바닥에는 문이 오랫동안 열려있었던 자국이 선명했다. 열린 공간에서 서로의 의견을 자유롭게 교환하고 적극적으로 소통했던 두 창립자가 있었기에 지금의 HP가 탄생한 것이 아닐까.

HP 실리콘밸리본사를 방문하여 HP의 인사관리(HR)를 담당하는 박동진 선배를 만났다. 경영학과 출신이어서 그런지 이야기를 하는 동안 공감하고 이해할 수 있는 부분이 많았다. 선배께서는 학부 졸업 후 삼성 및 HP 싱가폴 지사에서 근무하다가 코넬 대학원에 진학하였고, 지금은 HP에서 일하고 계신다. 내 경우 대학 졸업 후 바로 대학원에 갈 것인지 아니면 일을 하다가 대학원에 갈 것인지를 고민하는 중이기 때문에 선배께 고민거리를 털어놓았다. 선배께서는 본인이 HP 본사에 성공적으로 취직할 수 있었던 것은 단순히 미국 대학원을 졸업했기 때문이 아니라 그간의 커리어가 있었기 때문이라고 하였다. 경영학과 출신이 미국에서 취직을 할 때는 대학원 졸업 후 1년짜리 비자가 주어지는데, 그 비자가 연장되느냐 마느냐는 미국 정부의 추첨을 통해 결정되기 때문에 30~40%의 확률이라고 한다. 따라서 미국 대학원을 졸업하더라도 1년 이내에 취직을 해야만 하며, 대학원 졸업 시기에 인턴에 합격하고 최종적으로 취직하기 위해서는 어느 정도의 커리어가 있는 것이 더

좋을 것이라고 조언해 주었다. 졸업 후 진로고민에 빠져있던 나는 이 조언을 통해 방향을 잡을 수 있었다.

HP를 견학하면서 창립자인 윌리엄 휴렛과 데이비드 팩커드가 쓰던 사무실을 방문하였는데, 바닥에 난 문 자국이 인상적이었다. 사무실로 들어가는 문이 항상 열려있었고, 서로의 방으로 통하는 문 또한 항상 열려있었기 때문에 바닥에는 문이 오랫동안 열려있었던 자국이 선명했다. 열린 공간에서 서로의 의견을 자유롭게 교환하고 적극적으로 소통했던 두 창립자가 있었기에 지금의 HP가 탄생한 것이 아닐까.

또한 사내 식당에서 점심을 먹었는데, 편안한 복장을 한 직원들이 모여서 식사를 하며 코딩 문제에 대해서 토론하고 있는 모습을 보기도 했고, 휴식공간에서 식사를 하면서 미팅을 하고 있는 광경도 목격했다. "일과 그 외(예를 들면 식사, 휴식 시간)"로 분류되어있는 한국의 기업문화와는 달리 일을 즐기는

모습이 부러웠다. 즐길 수 있는 일이어야 열정이 생기고 더 열심히 하게 된다는 말을 늘 들어왔지만 막상 그 광경을 목격하니, 나도 내가 즐거워할 수 있는 일에 종사해야겠다는 생각이 들었다. 진로고민에 대한 해결책도 찾고 상상으로만 그리던 이상적인 회사생활을 직접 볼 수 있었던 HP 방문이었다.   「김유리」

이번 연수를 통해 HP는 이제 단순히 컴퓨터를 제작하는 기업이 아니라 전기자동차를 비롯한 다양한 IT 분야에 관심을 두고 있으며 우리가 흔히 알고 있는 프린터, 컴퓨터를 생산하는 회사와 B2B사업을 맡고 있는 회사로 나뉘어져 있다는 것을 알게 되었다. 거기서 만난 선배를 통해서 다양한 우여곡절을 겪으면서 더욱 견고해진 HP의 밝은 전망을 엿볼 수 있었다.   「이채윤」

7. SAP

SAP에서 Data Scientist 직무를 맡고 계신 전태진 선배를 만났다. 컴퓨터공학 전공인 나는 이 곳의 엔지니어로 계신 전태진 선배님을 만나는 것이 크게 기대가 되었고 흥미로웠다.

우선 SAP 분위기는 자유분방하고 친환경적인 기업으로 보여진다. 직원들 모두가 각각 자기업무를 원하는 장소에서 할 수 있었으며 시간제약도 많이 없다고 한다. 전태진 선배도 우리를 만나기 전에 야외 테라스에서 느긋을 보다가 우리를 맞아주었다. 이런 자유분방하고 자기 일에만 책임을 지면 되는 기업문화가 굉장히 매력있게 느껴졌다.

전태진 선배를 따라서 SAP 기업의 비즈니스 부서, 디자인 부서, 엔지니어 부서 등을 모두 다녀 본 후 사내식당에서 점심식사를 하며 많은 얘기를 들을 수 있었다. 현재 미국에서는 인도사람과 중국사람들이 많이 진출해있다는 얘기를 들었고 또 해외취업에 관한 조언을 들었다.

전태진 선배는 고려대학교 학부 졸업 후 바로 미국 대학원에 와서 머신러닝 관련 석사를 취득하여 바로 비자를 얻어 취업하였다고 한다. 선배의 말로는 컴퓨터 사이언스와 같은 엔지니어들은 타 전공과 다르게 비자를 3년이나 주어 훨씬 혜택이 좋고 비자 연장도 쉽다고 한다. 그리고 엔지니어들의 대우가 한국과는 비교가 안되게 좋고 근무환경이나 조건도 훌륭하고 커리어를 쌓기도 여건이 매우 좋아 보였다. 그리고 미국은 한국과는 다르게 한 기업에서 커리어를 쌓고 2~3년에 한번씩 다른 회사로 이직을 한다고 하지만 그런데 불구하고 미국도 회사에서 한국과 크게 다르지 않게 라인도 존재하고 정치도 존재하고 인맥이 매우 중요하다는 말도 들었다. 이직이 모두 추천제로 이루어진다고 하니 미국 또한 매우 인맥이 중요하다는 결론이다.

전태진 선배는 올해 말까지 지금 회사에서 진행하는 프로젝트를 마무리하고 다른 고대 선배가 창업하는 스타트업으로 이직해서 같이 그 벤처를 꾸려나가겠다고 한다. 항상 새로운 도전과 꿈과 비전을 개척하려는 모습이 너무 멋있고 부러웠다. 이번 연수를 통해 열심히 살아야겠다는 자극을 많이 받았으며 특히 SAP방문은 기업탐방 중에 가장 감명 깊었고 도움이 많이 되었다고 생각한다.

『김민상』

SAP은 전기차 회사인 테슬라의 바로 맞은편에 위치하고 있으며 HP도 근처에 위치해있다. 이렇게 실리콘밸리에는 여러 회사들이 모여 있다 보니 시너지효과가 나는 듯하다. SAP에서 만난 전태진 선배는 매사에 열정이 가득한 분이었다. 처음 만났을 때도 손에 논문을 들고 계셨고, '레드불 프로젝트'에 임하고 있다고 하는데 프로젝트 설명을 할 때도 열정이 느껴졌다. '레드불 프로젝트'란 카메라 장치를 통해 레드불의 판매량을 계산하고 재고를 관리하는 프로젝트인데, 이렇게 공학적 측면과 경영학을 연관시킬 수 있다는 사실이 놀라웠다. 점점 융합학문의 시대가 도래하고 학문의 장벽이 무너진다는 말이 이런 현상을 두고 하는 말인 듯하다.

　Design Thinking으로 잘 알려진 SAP이기 때문에 Design Lab을 제일 먼저 방문하였는데, 굉장히 놀라운 공간이었다. 부서에 상관없이 누구나 자신의 아이디어를 3D 프린터를 통해 실현시켜 볼 수 있고, 드론, 스마트 스피커인 '에코' 등을 자유롭게 사용해볼 수 있는 공간이다. 최신 기술 트랜드를 익히고 사용해보는 것이 Design Lab의 취지라고 한다. 실제로 우리가 Lab을 방문하였을 때 독일에서 인턴을 하러 온 분께서 열정 가득한 설명을 해주었다. 본인은 주차장 센서를 만드는 작업을 하고 있는데, 그 모형을 직접 나무판자를 잘라서 만들어보고 실험해보고 있다고 한다. IoT House 모형을 가지고 스마트홈을 어떻게 구현할 것인지도 즐겁게 설명해주었다. 어떤 프로젝트가 있으면 한국에서는 보통 추상적으로 구상하고 PPT를 만드는 작업을 많

이 하는 반면, Design Lab에서는 3D 프린팅 등을 통해 직접 모형을 만들어 실험도 해보고 구체적으로 구상해 본다는 것이 놀라웠다. Design Lab에서 각자의 프로젝트에 임하고 있는 사람들을 보며 그 일에 얼마나 재미를 느끼고 열정을 갖고 임하고 있는지를 느낄 수 있었다.

Design Lab을 방문한 뒤 점심식사를 하면서 선배님과 더 많은 이야기를 나누었다. 선배께서는 Data Scientist라는 직업을 갖고 있는데, 이번 학기에 데이터관리 수업을 들으면서 Data Scientist라는 직종에 관심이 막 생기던 참이었기 때문에 선배의 이야기가 더 흥미로웠다. Data Scientist는 통계학적 측면으로 빅데이터를 분석하고, 그 데이터의 이용가치를 찾아 여러 분야에 적용하는 일을 하는 사람이라고 생각했지만 선배의 경우 인공지능을 활용하여 어떻게 효과적으로 데이터를 모을지를 연구하고 있었다. 선배의 업무에 대한 이야기를 들으면서 Data Scientist에 대한 관심도가 증가했고, 추후 빅데이터 및 인공지능 분야를 조금 더 공부해 봐야겠다는 생각을 했다.

선배가 언급한 내용 중, "기술이 너무 빠르게 변하기 때문에 당장 3년 뒤에 어떤 분야가 각광을 받을지는 아무도 모른다"라는 말이 기억에 남는다. 그만큼 트랜드를 캐치하는 능력이 중요하다고 생각하고, 지금 관심 있는 분야에 확신을 갖고 열심히 한다면 미래에 그 가치를 충분히 발휘할 수 있을 것이라 생각이 들었다. Data Scientist가 되기 위해서는 정보를 효과적으로 수집하기 위한 프로그래밍을 구축할 수 있어야 하기 때문에 코딩 능력이 필수로 대두된다. 1%의 천재를 제외하고는 대부분 사람들의 코딩실력은 노력에 비례해서 증가한다고 한다. 아직 코딩이 미숙하지만 선배들과의 대화를 통해 동기부여와 열정을 얻은 만큼, 이번 방학 때 코딩 공부를 스스로 더 해봐야겠다고 생각했다. 『김유리』

SAP는 마치 엄청나게 큰 캠퍼스 같은 느낌을 줄 만큼 자유롭고 활기찬 분위기를 가지고 있는 기업이었다. HP보다 복장이 훨씬 자유로워 보였고 젊은 사람들이 비교적 눈에 더 많이 띄었다. 건물도 굉장히 개방적이고 직원들과의 소통을 위해 신경을 많이 쓴 듯한 느낌을 받았다. 회사 건물이 여러 동 있었는데 그 중 우리는 디자인을 담당하는 건물과 소프트웨어를 담당하는 건물, 이렇게 두 곳을 중심으로 둘러보았다. 건물 안에는 마치 스터디룸처럼 직원들이 언제든 쓸 수 있는 작은 스튜디오 같은 방이 여럿 있었고 1층 가운데에는 중요한 발표를 하는 광장같은 공간이 있는데 위층에서도 내려다 볼 수 있도록 천장이 뚫려있었다. 그리고 굉장히 놀라웠던 점은 CEO가 Design Thinking을 중시한다는 점이었다. 스튜디오 벽면 곳곳에 포스트잇이 붙어있고 사용자의 저니맵이나 문제점 분류하기를 해놓은 것이 보였다. 학교에서 '디자인방법론' 시간에 배웠던 것들이 실제로 적용되는 것을 보니 신기하기도 했다.

또한 디자인적 문제 해결 방법과 관련한 세미나가 열리기도 하는데, 디자이너뿐만 아니라 다른 영역에서 일하는 직원도 들을 수 있도록 열려있어 데이터 사이언티스트인 선배께서도 강의를 듣고 꽤 도움을 받았다고 한다. 나

중에 한국에 돌아와 인터넷으로 찾아보니 SAP 코리아에서도 직원들을 대상으로 디자인 씽킹 워크숍을 열거나 디자인 씽킹 투어 위드 SAP를 주최해 대학생들이 디자인 씽킹 과정을 겪어볼 수 있는 기회를 마련하는 등 여러 노력을 하고 있다고 한다.

마지막으로 D-shop이라는 공간을 두어 직원들이 이곳에서 자유롭게 목업을 하고 실험도 해보면서 다양한 시도를 해볼 수 있도록 하고 있다. 유럽계로 보이는 직원 세 명이 D-Shop을 소개해주고 자신들이 만들고 있던 제품을 실행해 보여주기도 했는데 3d 프린터가 세 대 정도 있었고 목재, 플라스틱 등 다양한 재료들이 쌓여 있는 공간에서 SAP의 미래를 볼 수 있었다.

『이채윤』

2장 기관탐방

1. Intel Museum

 인텔 뮤지엄도 방문하여 인텔의 역사, 인텔의 창립자인 로버트 노이스와 고든 무어의 가치관, 마이크로칩 개발, 반도체 등에 대해서 자세히 알 수 있었다. 인텔은 메모리, 프로세서 아키텍쳐, 패키징 기술, 제조 과정 등에 있어 "기준"을 제시함으로써 기술의 발전에 큰 역할을 했다고 한다. 이러한 기준들은 PC의 발달과 Consumer Electronics Industry에서 큰 성공을 거두는 공신이 되었다. 이러한 인텔의 기술적 측면도 흥미로웠지만, 창립자인 로버트 노이스의 가치관역시 인상적이었다. 그는 혁신에 있어 "Optimism(낙관주의)"를 굉장히 중요시 했는데 개개인이 현실에 안주하지 않고 모험을 하기 위해서는 낙관주의가 꼭 필요하다는 명언을 남겼다. 항상 밝은 미래를 볼 수 있는 시각을 갖고 모든 일에 임해야 한다는 것을 각인할 수 있었다. 『김유리』

　평소 인텔에 관심이 있었고, 우연한 기회로 Santa Clara에 위치한 인텔 박물관을 방문하게 되었다. 박물관에 들어가니 단순히 전시된 것들만을 보는 것이 아니라 방문객이 직접 인텔의 기술들을 체험할 수 있게 되어있고, 1학년 때 컴퓨터 과학 개론 수업 때 배웠던 것들을 직접 볼 수 있었다. 초기 CPU부터 CPU가 포함된 컴퓨터, 인텔의 역사를 한 눈에 이해할 수 있는 공간, 창립자 중 한 명인 로버트 노이스의 삶을 엿볼 수 있는 공간까지, 인텔을 빠르고 쉽게 알기 좋은 곳이다.

　소프트웨어는 하드웨어의 발전 없이는 성장하기 힘들고, 반대로 하드웨어도 소프트웨어의 발전 없이는 성장하기 힘든 다는 것을 다시금 생각하게 되었고, 이들 덕분에 지금 공부하고 있는 모든 것들이 있을 수 있음에 감사함을 느꼈다. 『이찬주』

2. Nasa Campus

Nasa Campus는 네임밸류 만큼 규모가 거대했고 엄청나게 신기한 건물들도 많았다. 그 장대함과 스케일의 겉모습 만으로도 큰 인상을 남길 만하다. Nasa Museum은 그에 비해 규모가 작고 행성 전시물, 우주선 전시물 등이 소박하게 배치되어 있었다. 『김민상』

우리 팀원 중 2명이 현재 창업을 하고 있는 학생 창업자이고 나를 포함한 다른 2명 또한 미래의 창업을 꿈꾸는 미래 창업자이다. 구성원이 그렇기 때문에 실리콘밸리에서 사업을 계획하거나 진행 중인 스타트업을 만나보고 싶었다. 우리는 운이 좋게도 Lifograph라는 단체에서 진행하는 스타트업 피치(pitch)행사에 참석할 수 있었다. 실리콘밸리에서 일하는 벤처 투자가들이 스타트업들의 1분 30초짜리 발표를 듣고 피드백을 주는 자리인데 우리는 이 자리에서 약 20개 정도의 실제로 실리콘밸리에서 활동하는 스타트업들은 어떤 아이디어를 가지고 사업화하였으며, 어떠한 점으로 자신의 비즈니스 모델을 어필하는지 생생히 배울 수 있었다.

더욱이 이들 3명의 벤처 투자가들은 Lending Club 등과 같이 유수의 실리콘밸리 스타트업의 주요 투자자들이었다. 따라서 각각의 피드백은 쉽게 접할 수 없는 현장의 정수들이었다고 생각한다. 대부분의 A-Series 투자를 바

비즈니스 피치를 하고 있는 창업가

라는 기업들은 2년 정도 사업을 해서 어느 정도 성과를 이뤄낸 기업들이었다. 벤처 투자가들이 중시하는 것이 그냥 몇 천 억짜리 시장 등의 공허한 숫자가 아닌 실제로 2년 동안의 매출액, 고객 수 등이었기 때문에 아주 초기의 기업은 투자를 받을 수 없다는 사실을 알게 되었다.

앞으로 사업 계획서를 쓰거나 피치를 할 때는 단순히 리서치된 숫자가 아닌 구체적인 성과와 실제 고객들의 피드백을 집중해서 작성하고 계획해야 할 것이다. 그리고 VC들이 '앞으로는 시장을 세분화하는 것은 정말 멍청한 짓이다'라는 말에 매우 동감할 수 있었다. 그들에 따르면 이제 시장 자체가 사파리가 되었으며 호랑이는 호랑이끼리 싸우는 것이 아닌 곰 또는 사자와도 싸울 수 있다고 강조하였다. 이는 기존 산업의 구분이 매우 모호해지며 기존 경쟁자 분석이 불필요해진다는 의미였다. 이러한 관점에서 볼 때 미래의 경쟁자들은 전통적인 농업 또는 몇몇 농수산물 생산, 유통 스타트업에 한정 지을 수 없다라는 것을 알 수 있게 되었다. 가까운 미래에는 전자, 건설, 기계 더 나아가는 자본을 운영하는 금융 회사마저 언제든지 내가 속한 산업으로 진입하고 경쟁하는 것이 일상일 것이다. 다시 말해 새로운 시장에는 언제든지 이종 산업에서 경쟁자들이 넘어올 수 있는 분야이며 이는 더욱 가속화될 것이다. 따라서 이러한 잠재적인 무수한 경쟁자들을 이기기 위해서는 그들이 단기간 내에 따라 잡을 수 없는 축적된 기술과 네트워킹 만이 살 길이라는 생각이 들었다. 『김민준』

3. Chatbot 컨퍼런스

Chatbot은 정해진 응답규칙을 바탕으로 메신저를 통해서 사용자와 대답할 수 있도록 구현된 시스템으로 챗봇을 도입하면 인력을 줄여 비용을 절감할 수 있고 소비자가 상담원을 기다리지 않고 장소와 시간과 관계없이 정보를 알 수 있다는 장점이 있다. 또 앱과 달리 설치 과정이 필요하지 않고 스마트폰 저장 용량을 차지하지도 않아 향후 앱들이 챗봇으로 교체될 것이라는 전망이 있다. 이러한 챗봇과 원활한 대화를 위해서는 인공지능과 빅데이터 분석 기술을 기반으로 기계가 음성·문자 등을 식별할 수 있는 패턴 인식 기술, 인간의 언어를 컴퓨터에 인식시켜 질의응답·번역 등에 활용하는 자연어 처리 기술, 컴퓨터가 정보를 이해하고 논리적으로 추론할 수 있는 시멘틱 웹 기술, 문자로 구성된 데이터에서 유용한 정보를 찾아내는 텍스트마이닝 기술, 대화 상대의 상황과 문맥을 파악하는 상황인식 컴퓨팅 기술 등이 필요하다.

이렇게 챗봇이 다양한 서비스로 확산되고 있는 이유 중 하나는 모바일 환경의 확산으로 볼 수 있는데 챗봇은 머신러닝을 기반으로 하고 있는 쪽으로 변화하고 있기 때문에 채팅 하나로 대부분의 것들을 해결할 수 있는 시대가 올 것이다. 우리는 실리콘밸리 견학 중에 운 좋게도 앤드류 응(Andrew Ng)이라는 세계 AI 3대 석학이 주최하는 챗봇(Chatbot) 컨퍼런스에 참석할 수 있는 기회를 얻었다.

앤드류 응 교수는 바이두의 AI의 프로젝트를 이끌었던 만큼 기대가 컸다. 형식은 구글 챗봇 헤드와 여러 챗봇 스타트업들이 자신들이 어떤 기술 개발에 중점을 두는지, 어떤 비즈니스를 펼쳐갈 것인지 발표하는 자리였다. 우선, 한국에서는 AI의 적용을 개념적으로만 알고 있었던 챗봇이 현재 실리콘밸리에서는 이토록 다양한 방향으로 적용되는 것이 놀라웠다. 미래 농업의 유통이나 세일즈에 챗봇을 이용할 수 있지 않을까라는 막연한 기대를 가지고 그들의 발표를 경청하였다.

앤드류 응 교수의 챗봇 컨퍼런스 참석 모습

하지만, 기술 그 자체보다 인상 깊었던 점은 바로 그들이 나름의 깊은 담금질을 거친 고수라는 것이다. 한국에서도 여러 컨퍼런스에 참석해보았지만, 이토록 쉬운 비유로 알기 쉽게 챗봇의 알고리즘과 기본 원리를 들어볼수는 없었다. 다시 말해, 이들은 유행에 휩쓸려 챗봇에 관한 창업을 하는 것이 아니라 수많은 축적의 시간을 거쳐 그 정수로 창업을 한다는 것을 깨달을수 있었다. 이를 통해, 밸리의 경쟁력은 트렌드를 따르는 창업이 아닌 각 분야의 많은 고수들과 장인들이 창업을 하고 있다는 것을 알 수 있었다. 나 또한 Agtech 스타트업에서 기획자 역할을 한다는 핑계로 막상 농업공학이나 기술에 대해서는 축적의 시간을 가지지 못하였다. 이러한 점에 대해 깊이 반성하고 한국에 돌아가서는 기획자지만 농업 기술과 시장에 대해 더 깊은 통찰력을 가지도록 많은 시간 비중을 두고 공부해야 겠다고 다짐했다. 『김민준』

4. KOTRA (Korea Trade-Investment Promotion Agency)

코트라에서 선배들과 대화를 할 수 있었다. 여러 선배들이 실리콘밸리의 다양한 분야에서 일하고 있었고 나는 그 중에서도 특히 아마존 PM 출신의 정윤정 선배의 이야기가 기억에 남았다. 대부분의 공대 출신 선배와는 달리 영문과 출신인 선배는 문과 출신의 한국인이 어떻게 더 효율적으로 제품을 기획하고 판매하는지에 대해 설명해주었다. 또한 개발자들과의 소통이 매우 중요하다고 강조하면서 'Speak in English, not in Code'를 알려 주었다. 이는 코드로 말하지 말고 영어로 말하라는 뜻으로 개발자들도 코드 밖의 세상을 이해해야 더 획기적이고 완성도 높은 제품이 나올 수 있다는 이야기이다. 앞으로 우리가 팀을 꾸려 개발자들과 커뮤니케이션을 할 때도 항상 유의해야 할 점이라고 느꼈다. 『김민준』

한국 스타트업인 N3N에서 활약 중이신 김누리 선배(식품자원경제학과 전공)와의 만남은 '나도 실리콘밸리에서 창업을 해 볼 수 있겠구나'라는 희망을 가질 수 있게 된 계기가 되었다. N3N은 Data Visualization을 하는 회사로써 한국과 미국에서 사업을 하고 있는 스타트업이다. 선배는 본인이 어떻게 실리콘밸리 커리어를 가지게 되었는지 하는 것은 물론 전체적인 산업 지형

코트라와 N3N에서 고려대 선배들님의 발표와 조언을 듣는 모습

도에 대해서도 설명을 해주었다. 가장 그 시간이 소중했던 것은 아마 한국인 기획자로써 어떻게 실리콘밸리에서 차별적 역량을 키우게 됐는지에 대해 상세히 알려 주었기 때문이다. 특히 실리콘밸리에서 한국 스타트업에서 한국 기획자도 통할 수 있다는 자신감을 심어주었고 시장과 제품을 잘 잡으면 한국 시장보다 글로벌 시장을 목표로 도전하는 것이 훨씬 의미가 있음을 알게 되는 귀한 시간이었다. 『김민준』

미국을 떠나기 전 마지막으로 실리콘밸리에서 실제로 창업을 한 N3N의 김누리 선배와 Tapyn의 이재용 선배를 만나 직접 이야기할 수 있는 기회를 가졌다. N3N은 실시간으로 데이터 시각화 서비스를 제공해주는 서비스로 한국의 대기업들과 미국의 큰 기업들을 상대로 소프트웨어를 제공해준다. 현재 데이터 시각화 서비스를 제공해주는 스타트업과 회사는 많지만 실시간으로 데이터 시각화 서비스와 그 데이터를 기반으로 솔루션까지 제공해주는 것이 N3N의 경쟁력이다. 김 선배의 경우 공학적 배경이 없지만 한국에서 Supply Chain 관련 일을 하다가 MBA과정을 수료 한 뒤 애플과 구글에서 Supply Manager 로 경력을 쌓고 이 후 새로운 기회를 발견한 뒤 N3N에 들어가 Business Development 관련 일을 하고 있다. 사실 위에서 말한 정윤정, 김누리 선배같은 케이스가 흔치는 않지만 자신이 하는 어느 분야에서든지 전문성과 열정이 있으면 실리콘밸리로 진출하는 길은 언제나 열려있다는 것을 깨닫게 되었다.

Tapyn의 이재용 선배는 팀원들과 함께 유선 전화를 이용한 예약 소프트웨어 서비스를 개발하고 있는데 유선 전화로 오는 Call ID를 판별해 이 고객들의 예약 정보를 관리하고 고객 관리까지 편리하게 만들어주는 제품으로 미국의 소규모 자영업 시장과 전화 예약 문화를 잘 파악한 서비스이다. 또 하나 크게 깨달은 점은 창업이 힘든 건 한국이나 미국이나 모두 마찬가지지만 정부의 각종 혜택과 지원이 많은 한국에 비해서 미국은 철저히 모든 것이 시장과 자율에 맡겨져 있다는 것이다. 사실 미국에서는 창업을 하고 제대로 된 프로덕트와 성과가 있어야만 시드머니 혹은 투자를 받을 수 있기 때문에 그전에는 거의 모든 것을 창업자가 감당해야 하는데 이것은 초기 창업자에게는 큰 부담이 될 수도 있을 것이다. 『곽영훈』

> 창업이 힘든 건 한국이나 미국이나 모두 마찬가지지만 정부의 각종 혜택과 지원이 많은 한국에 비해서 미국은 철저히 모든 것이 시장과 자율에 맡겨져 있다는 것이다.

코트라에서 개최하는 세미나에 참석하여 실리콘밸리에 진출해있는 다양한 분야의 선배들의 강연을 들었다. 그 중에서도 인상적이었던 강의는 손재권(매일경제 실리콘밸리 특파원) 선배의 실리콘밸리에서의 "블루필(Blue Pill)"과 "레드필(Red Pill)"에 대한 강의였다. 창업이라는 꿈과 희망을 가득 안고 사람들이 실리콘밸리로 오지만 그 중 성공하는 사람들은 불과 1%에 불과하다고 한다(레드필). 실리콘밸리의 어두운 이면을 진솔하게 들을 수 있는 강연이었다. 또 인상적이었던 강의는 정윤정 선배(시스코 PM)의 강연이었는데 전형적 문과인 영어영문학과 출신 선배께서 시스코라는 IT 기업의 Product Manager으로 일하고 있다는 사실이 너무

멋져 보였다. 문과생인 나도 IT 기업에서 충분히 능력을 발휘할 수 있겠다는 희망과 자신감이 생겼고 큰 동기부여가 됐다. 하지만 정윤정 선배가 쉽게 그 자리에 오른 것은 아니다. 이직 실패 후 컨설팅이라는 새로운 분야에서 기초부터 출발 등 여러 차례의 실패를 겪었고 회사 생활과 대학원 생활을 같이 하기 위해 잠을 줄이는 등 피나는 노력 끝에 회사의 한 제품을 총괄하는 Product Manager라는 자리에 오르게 되었다고 한다. "노력하는 자를 따라올 사람은 없다"라는 말이 이해가 되는 순간이었고 언젠가 나도 꿈의 기업에서 당당하게 어떤 포지션을 담당하며 능력 발휘를 하기 위해서는 피나는 노력이 뒷받침 되어야 한다는 사실을 다시 한 번 깨닫게 되었다. 코트라 세미나를 통해 확실한 동기부여를 얻은 것 같아 고무되었다.

『김유리』

매일경제 실리콘밸리 특파원으로 계시는 손재권 선배는 실리콘밸리에 상주하며 사명감을 가지고 그곳의 동향을 생생하게 전달하는 역할을 한다. 우리가 창업에 뜻이 있는 상태에서 실리콘밸리를 방문한 것을 알고 있기 때문에 관련하여서 특파원으로 있는 기간 동안 보고 느낀 것들에 대해서 가감없이 이야기를 해주었다. 그 내용들은 실리콘밸리에 유독 강조되는 긍정적인 부분뿐만 아니라 어렵고 혹독한 부분, 예를 들어 살인적인 인건비와 인프라 비용, 한국형 아이템의 경쟁력 등에 대해서 열띤 논조로 설명해 주었다. 그리고 "만약 특파원 기간을 연장할 수 있다면 하시겠습니까?"라는 질문에 "그렇지 않을 것 같다. 두려운 측면이 있다"라며 솔직한 답을 하기도 했다. 여기서 두렵다는 것은 4차 산업 "혁명"이라는 단어에 걸맞게 하루가 다르게 폭발적으로 변화하고 진보해가는 서비스와 기술을 적용한 기업들을 옆에서 지켜보는 것은 그것을 한국의 미래와 연관지어 생각했을 때 쉽게 소화하기 어렵겠다는 내용이다. 물론 앞으로 계속해서 특파원으로서 근무를 할지는 모르지만 그 날카로운 기자 정신을 계속해서 발휘할 수 있으면 좋겠다는 바람을 갖게 되었다.

영문과 출신으로 기술 기반 기업 CISCO의 프로덕트 매니저를 담당하시는 정윤정 선배의 강연을 듣고 얘기를 나누며 큰 교훈을 얻었다. 선배의 이야기에서는 철저한 성과 중심주의의 기업 풍토에서 살아남기 위해 들였을 뼈를 깎는 노력을 느낄 수 있었다. 선배의 설명에 의하면 상품 자체를 관리하는 일은 모든 부서와 연관이 있으며 시행착오도 있었지만 그 사람들과 모두 원활한 관계를 유지하기 위해서 많은 노력을 들이고 있다고 한다. 또한 상하 관계가 분명하지 않은 회사 분위기 탓에 매니저로서 업무를 잘 진행시키고 상대방으로부터 존중을 얻어내기 위해서는 더 많은 노력이 필요하다는 점도 일러주었다. 실리콘밸리에서 근무하면 출퇴근 시간이 보장되고 분명하다고 알고 있지만 그것도 사실은 아니었다. 일을 성사시키기 위해, 다른 팀들보다 더 나은 성과를 내기 위해서 자발적인 야근이 생각보다 많이 이루어지고 있음을 알 수 있었고 나아가 외국인으로서 언어와 문화가 다른 곳에서 기업가로서 자리잡는 것은 그만큼의 노력과 어려움이 따를 것이라는 생각이 들었다.

『배명진』

코트라는 한국 기업들의 성공적인 해외 정착과 수출, 인력 소싱 등을 돕는 정부 산하의 기관이다. 이곳에서 고려대학교 교우회에서 준비한 강연을 듣고 저녁식사를 같이 하며 소통할 수 있는 기회가 주어졌는데 그중 Cisco 선임 프로덕트 매니저 정윤정 선배와 실리콘밸리 스타트업 Tapyn의 창업자이신 이재용 박사와의 대화는 깊은 감동을 주었다.

먼저 Cisco의 정윤정 선배는 '인문학도로 실리콘밸리 PM으로 일하기'라는 토픽으로 강연을 했는데 엔지니어 기반이 아닌 나에게 매우 소중한 시간이었다. 선배는 한국 삼성에서 첫 직장을 가진 이후에 컨설턴트 그리고 미국에서 MBA과정을 거친 이후에 실리콘밸리 IT기업에 PM으로 취직하게 되었다고 설명했다. PM은 한 제품 혹은 프로젝트에 속해 있는 모든 인력들(개발, 디자인, 회계, 세일즈 등)을 조율해서 최상의 효율을 내게 하는 마치 지휘자 같은 역할을 수행한다. 그래서 간결하고 효과적인 커뮤니케이션 능력 그리고 프로페셔널하고 동시에 친근한 사회적인 능력은 필수적이기 때문에 한국인으로써 PM은 흔하지 않은 포지션이다. 선배는 그야말로 부단한 노력을 통해 현 위치에 왔다고 설명했다. 선배의 경험을 통해 해외에서 근무가 가능하다는 희망과 그렇기 위해선 어떤 노력을 얼마나 해야 하는지 알 수 있는 시간이어서 매우 유익하게 느껴졌다.

두 번째로 감명 깊었던 만남은 Tapyn의 이재용 박사와의 만남으로 그는 몇 안되는 실리콘밸리 창업자 중의 한 분으로 사업아이템은 빅데이터를 통해 소상공인들이 쉽게 고객 예약 서비스를 관리하고, 이를 통해 얻는 소비자 행동에 대한 인사이트를 제공해주는 서비스이다. 전화기에 작은 하드웨어를 부착함으로써 이루어지는 이 기술은 통신사와 관계없이 기존에 예약을 위해 사용하는 '전화기'라는 도구를 쉽게 업그레이드 하여 소상공인도 진입장벽 없이 설치할 수 있는 장점을 지녔다. 이 장점에 대해서는 처음 비즈니스 모델에 대하여 의문을 가졌던 내가 예약이 모바일로 옮겨가는 시대에 O2O 예약 및 결제 비즈니스 모델에 뒤처지지 않겠냐는 방식에 대한 답변으로 들은 것이다. 대표께서는 이런 질문을 VC들에게 수도 없이 들었을 것임에도 불구하고 조목조목 질문에 답해주었다. 현재 소비자들의 예약 프로세스에 관한 것이었는데, 모바일페이 시장 (예:애플페이) 출시와 동시에 신용카드를 대체할 것이라는 예상과 달리 소비자들이 쉽게 사용하지 못했던 것처럼 O2O 예약 및 결제 시스템은 현재 미국 소상공인들에게나 소비자들에게 익숙해진 프로세스를 바로 바꾸지 못할 것이란 해석이었다. Tapyn은 이런 틈을 사용해서 먼저 소비자들에게 빅데이터를 활용한 예약 및 고객관리 시스템으로 사용자를 확보하고, 그다음에 소비 패턴의 변화에 따라 모바일로 확장해 나갈 것이란 계획을 갖고 있다. 한국인임에도 불구하고 미국의 시장에 대한 이해도가 높고 미국에서 새로운 시장을 개척 중인 이재용 박사가 매우 존경스러웠다. 『안도익』

실리콘밸리의 기업을 방문을 하며 기업에 다니고 계신 선배들을 만나 이야기를 나눌 수 있는 기회가 있었다. 일이 바쁜 외중에도 선배들은 후배들을 위해 시간을 내어 실질적인 조언을 해주었다. 기업에 입사하기 위한 조건부터 업무량, 실리콘밸리의 삶, IT 종사자로 느끼는 장·단점 등을 비롯하여 치열한 IT 경쟁 속에 살아 남기 위한 실무자의 조언이었다. 여러 선배들을 만나고 얘기를 들으며 느꼈지만 결국 개개인이 느끼는 바는 많이 달랐다. 타지에서 모국어가 아닌 언어로 일을 해야 하며 생각보다 많은 업무량, 치열한 경쟁 등 화려할 것만 같은 실리콘밸리의 삶 속에 고충들도 있었지만 공통적으로 IT의 트렌드를 선도하는 곳에서 일한다는 자긍심을 갖고 있는 것으로 보였다. 물론 이것이 장점일 수도 있고 단점이 될 수도 있지만, 다른 산업군에 비해 매우 빠르게 변화하고 그 변화를 이끄는 정말 중요한 분야라는 점에서 실리콘밸리에서 일한다는 것은 상당히 매력적으로 느껴졌다. 빠르게 변화하는 기술 속에서 트렌드를 쫓아 전도유망한 분야를 선택하고 공부하는 것보다 내가 관심이 있고 해결하고자 하는 분야를 공부하는 것이 중요하다는 점과 자신 만의 전문분야를 찾고 키워가는 것이 좋겠다는 생각을 하게 되었다.   『유형태』

미국에 설립된 여러 KOTRA 중 실리콘밸리에 설치된 이곳은 한국 벤처의 산실이기도 하다. 여러 선배들이 목요일 저녁 한자리에 모였는데 VC, 기자 그리고 PM으로 계시는 세 분의 선배께서 직접 세미나의 마이크를 잡고 실제로 다양한 입장에서 창업을 계획하고 실리콘밸리에 오려는 사람들에 대해 조언을 해주었다.

매일경제 기자 선배가 해준 얘기는 매트릭스의 '빨간약'같은 것이다. 실리콘밸리 그리고 창업의 실제 모습에 관한 것이다. 우리가 보는 구글, 고프로, 테슬라 등등은 1년에 2만여 개씩 생겨나는 스타트업 중에 몇몇에 불과하다. 스타트업의 특성상 몇몇 성공한 기업만 부각이 된다. 따라서 그 아래 실패하는 수만 개의 기업들의 실상은 묻히게 된다.

선배께서 해주는 이야기는 오랜 기자 생활에서 묻어난 음지에 있는 기업가들에 대한 이야기였다. 실리콘밸리에서 한국인이 살아남는 방법은 오직 두 가지 '기술 개발자' 혹은 'MBA' 이수 석사이다. 그 외의 커리어를 밟고 온 사람은 굉장히 소수이며 살아남기 힘들다고 한다. 특히 많은 기업에서 세일즈 및 영업 측 인력을 줄이는 게 추세라며 인문계 학생도 기술 한두 가지 정도는 배워야 살아남을 수 있다고는 조언을 해주었다.

> 실리콘밸리에서 한국인이 살아남는 방법은 오직 두 가지 '기술 개발자' 혹은 'MBA' 이수 석사이다. 그 외의 커리어를 밟고 온 사람은 굉장히 소수이며 살아남기 힘들다고 한다.

이어서 프로젝트 매니저 선배분의 이야기가 이어졌다. 프로젝트 매니저란, 하나의 제품 혹은 제품군에 관하여 기획, 전략, 영업, 개발, 재료 조달까지 모든 과정을 책임지고 진행하는 역할을 의미한다. 삼성전자에 다니다 컨설턴트, MBA를 거쳐 실리콘밸리로 오게 된 선배는 영어영문학과 출신으로 남들과는 다른 루트로 실리콘밸리에서 입지를 굳힌 것이다. 선배는 그간 만났던 엔지니어 출신 선배들과는 조금 다른 이야기를 해주었는데, 경영대 혹은 인문계를 나온 사람이 이러한 IT대기업에 살아남기 위해서는 무엇보다 기술 기반 트렌드를 잘 읽을 수 있어야 한다는 것과 엔지니어를 설득시킬만한 능력 그리고 앞서 시장을 읽을 수 있는 능력이 필요하다고 했다. 또한, 소통능력이 무엇보다 중요한데, 영어를 잘하는 것은 물론이거니와 글로벌한 문화의 흐름을 읽는 것이 중요하다고 했다. 예를 들어, 미국에서는 근무 중에 화를 내거나 눈물을 흘리는 등 부정적 감정을 표현하는 것을 극도로 제한한다고 했다. '프로페셔널' 해 보이지 않기 때문이다. 프로젝트 매니저는 다른 의미로 굉장히 잘리기 쉬운 직업이라고 한다. 작업의 책임 모두를 프로젝트 매니저가 져야 하기 때문이다. 따라서 한 분야에 머무는 것이 길어야 2년이라고 한다. 빛나는 직책인 만큼, 많은 어려움이 따르는 것을 알 수 있게 된 만큼 선배가 존경스럽게 느껴졌다.

『유현호』

코트라에서는 주로 실리콘밸리에 거주하는 고대 선배들의 강연은 매우 인상 깊었다. 벤처투자에서 재직하고 계신 선배의 강연을 듣고 실리콘밸리가 상상처럼 호의적인 곳이 아니라는 것을 깨닫게 되었다. 미국은 한국보다 GDP 기준 15배 정도 높은 숫자를 보이고 벤처투자 자금 또한 약 35배 높은 데 비해 창업해서 어느 정도 살아남는 스타트업의 개수는 8배 정도라고 한다. 이 숫자들이 의미하는 것은 결국 미국에서는 살아남은 기업들에게만 투자가 몰린다는 것을 의미한다. 어찌 보면 상당 부분 정부의 보조가 들어간 한국보다 훨씬 더 살아남기 힘든 곳이 미국이라는 생각이 많이 들었다.

이뿐만 아니라 현재 미국에서도 실제로 투자를 받는 스타트업의 기준이 점점 더 올라가고 있다고 한다. 2012년 정도만 하더라도 VC에게 시드 투자를 받는 스타트업은 평균적으로 창업 후 약 6개월가량 지난 상태였지만

2017년의 경우 거의 2년에 육박하고 있고 이러한 경향성은 시리즈 A투자에서도 비슷한 형태로 나타났다고 한다. 특히나 예전 시드로 2500만원 정도를 아직 매출도 없는 스타트업에 투자했던 Y 컴비네이터는 현재 약 1억원 이상으로 투자금액을 올리고 점점 더 영업 실적이 있는 스타트업을 뽑는 경향이 있다고 한다.

현재 오라클에서 PM으로 재직 중인 영문과 선배의 말도 많은 도움이 되었다. 보통 실리콘밸리에서 만나는 분들은 대부분이 엔지니어였지만 엔지니어가 아닌 직군으로써의 느낀점과 소감들을 들을 수 있었다. 관심은 있었지만 정보가 부족해 막연하던 PM업무에 관해서도, 실제 대형 IT 기업에서 PM이 어떻게 일하는지, 또한 어떠한 역량을 갖춰야 하는지 알 수 있었다. 기술 자체에 대한 깊은 전문성도 좋지만, 그 제품과 관계된 모든 관계자들과 지속적으로 소통하며 제품을 만들어 나가야 하기 때문에 일반적으로 다양한 부분들을 아는 것 그리고 소통하는 능력이 굉장히 중요하다는 이야기를 듣게 됨으로서 정보의 폭을 넓히게 되었다. 『이우진』

3장 대학탐방

스탠포드대학

샌프란시스코에 도착해서 바로 들린 곳은 스탠포드대학이다. 스탠포드의 놀라웠던 점은 바로 대학의 규모였다. 스탠포드는 원래는 목장이었는데 목장주였던 릴러드 스탠포드 주지사가 세상을 떠나면서 대학 설립을 위해서 땅을 유산으로 남겼는데 바로 그것이 스탠포트 캠퍼스가 되었고 지금은 미국에서 가장 큰 캠퍼스 중 하나라고 한다. 우리는 대학교에서 마련한 학생 홍보대사의 가이드를 들었는데 아카데믹뿐만 아니라 예체능에서도 큰 성과를 내고 있으며 거의 모든 분야에서 뛰어난 아웃풋을 내고 있다고 하였다. 또한 가장 인상적인 것은 학생들의 태도였는데 대부분 학생은 자신이 정말 원하는 분야를 공부하며 그 분야에 대한 학문의 깊이가 상당하다는 느낌을 받을 수 있었다. 또한 학생 가이드는 '학업이 '나'에서 끝나는 것이 아니라 인류의 증진에 기여하기 위해 공부를 한다'라는 말을 하였는데 이를 통해 그들의 학업에 임하는 자세가 정말 진지하다는 것을 느낄 수 있었다. 또한 학교 자체에서 많은 문화 행사들을 진행하고 있고 정기적으로 유명한 인사들을 초청해서 강연을 열고 있다고 하며 캠퍼스 안에서 쉽게 유명한 예술가들의 조각과 회화 작품들을 볼 수 있었는데 이런 다양하고 열린 캠퍼스 문화가 인재를 배출하는 데 큰 역할을 하고 있음을 느낄 수 있었다. 『곽영훈』

실리콘밸리를 대표하는 학교인 스탠포드를 방문하기로 하였다. 방문하기 전, 내가 가지고 있던 스탠포드의 이미지는 생존하는 노벨상 수상자 22명, 풀리쳐상 수상자 5명 등을 배출한 세계 최고 수준의 명문 대학교였다. 막상 가보니, 스탠포드대학은 실리콘밸리의 인력 수급처 및 창업의 시작점 같은 역할을 하고 있다는 생각이 들었다. 우리가 점심을 먹기 위해 방문한 University Avenue가 대표적인 장소였는데 이곳은 고려대학교로 따지면 안암 참살이길과 같은 전형적인 학교 앞 거리이다. University Avenue는 페이스북 초기 본사가 있었던 동네이며 현재에도 많은 Venture Capital들과 팔란티르 (Palantir Technology)처럼 기술 중심 회사들이 모여있는 장소이기도 하다. 학교 바로 앞에, 이러한 곳에 우수한 투자자들과 기술자들이 벤치에 앉아 비즈니스에 대한 이야기를 한다는 것이 정말 부러웠다. 『김민준』

스탠포드에서는 마치 고려대학교의 여울과 같이 방문자 센터에서 재학중인 학생이 약 1~2시간 정도의 투어 가이드를 진행한다. 사실 스탠포드 건물의 의미나 면적, 운동 팀 보다는 그 학생이 가지고 있는 열정과 꿈이 너무나 흥미로웠다. 한국의 많은 학생들을 보면 미래를 생각할 때 자신의 구체적인 직업이나 경제적 안정성, 소득 등 현실적인 문제를 먼저 생각하는 반면 많은 스탠포드의 학생들이 세상을 이롭게 하는 혹은 새롭고 중요한 문제를 해결하는 데에 더 큰 관심을 두고 있다는 것을 느낄 수 있었다. 젊은이 답게 단기적인 성과보다는 더 크게 미래를 고민하고 연구해 보아야 겠다는 생각을 하게 되었다.

『이우진』

스탠포드의 학생들이 세상을 이롭게 하는 혹은 새롭고 중요한 문제를 해결하는 데에 더 큰 관심을 두고 있다는 것을 느낄 수 있었다. 젊은이 답게 단기적인 성과보다는 더 크게 미래를 고민하고 연구해 보아야 겠다는 생각을 하게 되었다.

제3부

실리콘밸리 단기연수는

나에게 어떤 변화를 주었나?

1. 창업가들의 천국

실리콘밸리라는 단어는 창업을 꿈꾸는 사람들에게 '창업의 요람' 혹은 궁극적인 목적지로 통한다. 시가총액으로 세계 탑 5 회사들 - Apple, Facebook, Google 등 -의 본사가 위치해있는 곳이며, 와이컴비네이터와 같이 세계 최대 벤처캐피탈들이 위치한 곳이기도 하다. 멋진 아이디어에 수십억을 던져주는 통 큰 미국 자본의 집합소이자, 우버, 에어비앤비와 같은 스타트업들의 전설, 데카콘들의 고향이다. 실제로 실리콘밸리는 스탠포드라는 미국 최고의 교육기관이 위치한 곳이고, 세계 최고의 엔지니어들과 앙트프러뉴어들이 모여들며 세계 최대인 미국 시장을 바로 선점할 수 있는 곳이기에 창업을 하는데 최적의 환경이라고도 할 수 있겠다. 실제로 조언주신 많은 선배들의 말을 종합해보면 성공하기 매우 어려운 곳이지만 능력만 확실하게 갖추고 있다면 그만큼의 성과를 이룰 수 있는 곳이라는 느낌을 받았다.

2. 창업가들의 무덤

　실리콘밸리는 수많은 국제적인 인재들이 모이는 만큼 부푼 꿈을 안고 온 사람들에게 무덤이 되는 경우가 많다고 한다. 특히 한국인 창업가에게는 실리콘밸리는 많은 진입장벽을 가지고 있는데, 첫 번째는 대학교를 한국에서 나왔기 때문에 인적 네트워크의 부재가 문제이고, 두 번째는 아직 완전히 없어지지 않은 인종차별의 장벽이며 (유태인들이 실리콘밸리에서 가장 실세라고 한다), 세 번째는 미국 시장 그리고 소비자에 대한 이해도의 부족이다. 이런 한계점들을 간과하고 사업 아이템만 믿고 미국 시장에 뛰어든다면 실리콘밸리는 창업자에게 무덤이나 다를 바가 없다는 것이다. 실제로 뉴로스카이 이구형 박사의 말을 의하면, 한국인이 실리콘밸리에서 임직원 급으로 일하는 경우는 손에 꼽을 만큼이라고 한다. 그래서 임직원급 네트워크에서 돌아다니는 고급 정보들은 결국 한국인 사업가들에게 닿지 못한다고 한다. 미국에서 오랜 기간 체류하지 않는 이상 사업 아이템만으로 성공하기는 힘들다는 결론을 내렸다. 실리콘밸리에서 창업해서 성공하고자 한다면, 위에 요소들을 전부 고려하여 미국인 동업자를 찾아 같이 사업을 진행하는 방법을 연구할 필요가 있다. 그런 의미에서 실리콘밸리는 자본, 인재 그리고 기회가 많아 창업가들의 천국으로 통하는 동시에 치열한 정글이자, 창업자들의 무덤이라는 생각이 들었다.

3. 실리콘밸리 선배들의 이야기

실리콘밸리에서 만난 고려대학교 교우회 선배들의 경우, 창업자보다 실리콘밸리 IT기업에서 근무하는 분이 더 많았다. 특히 IT기업에서 근무하는 외국인 근로자 특성상 엔지니어 분들이 많았는데 실제로 인문계열이나 혹은 상경계열 국내졸업자가 실리콘밸리에서 취업하기는 매우 어렵다고 한다. 실리콘밸리의 근무 환경은 드넓은 구글 캠퍼스와 화려한 건물들, 높은 보수, 그리고 work-life balance를 생각하기 쉬운데, 이는 전부 사실이라고 하기 에는 차이가 있다. 실제로 시설이나 보수 부분에서 실리콘밸리는 한국보다 월등히 높은 수준을 가지고 있는 것도 사실이지만 그 이면에 그만한 단점이 존재한다는 것도 알아야 한다.

첫 번째로는 세계 각지에서 인재들이 모이는 곳이기 때문에 인력 경쟁이 매우 치열하다. 이는 업무량과도 연관이 있는데 한국과 달리 업무 성과가 나지 않으면 쉽게 해고 당할 수 있는 곳이 미국이다. 그렇기에 경쟁에서 이기기 위해 비록 추가근무에 대한 강제적인 압박은 없지만 실질적으로 높은 업무 아웃풋을 내기 위해서 기본 근무시간 이외에 추가적으로 근무를 하는 경우가 많다고 한다. 두 번째는 높은 보수 만큼 실리콘밸리의 물가도 높은 편인데 실제로 실리콘밸리의 물가는 미국에서 가장 높은 지역 중 하나이다. 특히 집값은 상상을 초월하는 금액이며 월급만으로 월세로 사는 것도 매우 힘든 것이 현실이다. 이렇듯 실리콘밸리는 능력에 따른 높은 보상이 주어지지만 일하기가 녹록치 않은 곳이라는 현실이 다시금 확인된 것 같다. 「안도익」

4. 실리콘밸리와 창업자로의 출발

첫 번째, 실리콘밸리 취업과 이해

a. 실리콘밸리 취업 루트 파악

현지에서 일하고 계신 분들에게 실리콘밸리에 오기까지의 커리어패스에 대해 알아본 결과, 대부분 한국의 삼성에서 커리어를 시작하다가 미국에서 MBA 혹은 엔지니어링 관련 학위를 취득한 뒤 실리콘밸리의 기업에 입사하였음을 알 수 있었다.

b. 실리콘밸리 기업문화 이해

한국과 달리 정해진 업무시간이 과하지 않으며 기업문화 또한 굉장히 유연하지만, 그만큼 개인에게 주어진 직무에 대한 책임이 크고 경쟁이 심해 높은 업무 성과를 위해서는 기본 업무시간 외에 추가적으로 늘 일을 해야 하는 경우가 많고 변화하는 학문적 기술을 익히기 위해 부단한 노력이 동반되어야 한다. 또한 업무분배가 확실하기에 프로젝트를 관리하는 역량이 중요하다는 것을 느낄 수 있었다.

c. 실리콘밸리 근로자들의 마인드셋 이해

현지에서 일하고 계신 분들을 만나면서 느낀 것은 모두 자신이 하고 싶어 하는 일을 하고 있다는 것이다. 자기가 하고 싶은 일이라도 그게 일상이 되고 나면 매너리즘에 빠지기 쉽다고 하지만 늘 변화하는 기술환경에서 지치

지 않고 자신의 일에 최선을 다하는 그들의 원동력이 무엇인지 연구할 필요
가 있다고 생각한다.

d. 커리어패스 설정

후에 해외에 취업할 가능성을 열어두기 위해서는 한국에서 커리어를 시
작하더라도 해외에서 인지도가 있는 기업에서 커리어를 시작해야 한다는
생각을 하게 되었다.

두 번째, 의사소통의 중요성이다.

아래는 스탠포드에서 챗봇 강연을 들으러 갔을 때이다. 연사로는 챗봇 기
술을 개발해서 구글에 매각했거나 성공을 거둔 개발자들이 나왔다. 하지만
놀랍게도 그들은 기술을 기술로 설명하지 않았다. 영상과 비유적인 표현들
로 발표 내내 강연장에는 웃음이 끊이질 않았다.

코트라에서 마련한 고대 교우회 선배들의 강연에서 그 이유를 처음 알 수
있었다. 아마존에 다니시는 선배께서는 "Speak in English, not Code"라는 말
을 개발자들에게 자주 한다고 한다는 이야기 해주었다. N3N의 김누리 선배
께서는 하드웨어 스킬만으로는 실리콘밸리에서 높은 자리에 올라가지 못하
고, 반드시 소프트웨어 스킬이 필요하다는 조언도 해주었다.

하나마이크론 미국지사에서 만난 김종욱 박사께서는 협업을 잘하는 친구
들을 보면 어렸을 때 팀 스포츠를 했다는 얘기로 소통의 중요성을 역설하였

다. 팀을 위해서 내가 앞장서서 독려해야 될 때가 있고, 한 발 뒤로 물러서서 묵묵히 역할을 다해야 될 때가 있다는 것이다.

실리콘밸리에서의 뛰어나다는 것은 단순히 나 자신이 뛰어난 것이 아니라 다른 사람과 협업까지 가능해야 된다는 것을 알게 됐다. 기업이라는 조직이 원활하게 운영되고 발전하기 위해서는 조직원들의 원만한 의사소통이 최우선이라는 것이다.

실리콘밸리에 다녀온 이후에 나는 팀원들과의 회의 시간을 늘렸다. 그리고 더불어 우리가 업종으로 택하고 있는 진로교육에 관한 스터디를 시작했다. 팀원들과 우리가 하고 있는 일에 대해서 그리고 우리가 이 일을 왜 시작했는지에 대해서 계속해서 공유하고 토론하기 위해서이다.

세 번째, 결과중심주의라는 것이다.

기사를 찾아보면 실리콘밸리 평균 연봉은 1억 5천만 원이라고 한다. 심지어 인턴 연봉도 9천만 원이다. 얼핏 보면 좋아 보이지만 철저하게 결과 중심적인 관점에서 책정된 보상이다. 엔비디아의 박수인 선배를 통해 퀄컴에 다니는 직원 분을 만나게 되었는데 박수인 선배는 박사출신이고 퀄컴 직원 분은 학사출신이다. 그럼에도 연봉에는 큰 차이가 없다고 했다. 그만큼 실제 퍼포먼스를 기준으로 대우를 해준다고 한다.

우리나라에서는 실리콘밸리 사람들은 일찍 퇴근하고 마음대로 출근한다고 알고 있지만, 사실이 아니다. 자택근무의 편리함을 위해 노트북에 보안 시스템이 걸려있지 않다. 새벽 3시에 문의가 들어오면 바로 일처리를 해야 된다고 한다. 집에 가서도 끊임없이 업무 메일에 시달린다. 또한 주말을 포함한 남는 시간에는 기술과 산업이 끊임없이 발전하기 때문에 가만히 있으면 뒤처지기 때문에 쉴새없이 공부를 해야 된다.

정규직이라는 개념도 없기 때문에 성과가 나지 않으면 다음 계약 때는 바로 책상이 비워지게 된다. 그뿐만 아니라 경영진의 판단으로 필요 없는 부서는 한 번에 10~20%씩 레이오프가 이루어지기도 하는 곳이 바로 실리콘밸리의 현실이기도 하다.

한편 기업의 입장에서는 굉장히 합리적인 시스템이라고 느껴질 수도 있을 것 같다. 기업은 교육기관이 아니고 생존을 위한 전쟁터이기 때문이다. 생존을 위해서는 기업을 구성하는 조직원들이 목표하는 만큼의 퍼포먼스를 수행해야 하고 '열심히'하는 것보다 '잘'하는 것이 중요한 곳이 바로 기업이기 때문이다.

팀원들에게 항상 하는 말이 있다. "할 수 있는 것이 아니다. 해야 하는 것을 해야 된다. 해야 하는 것에 할 수 있는 것을 맞춰도 안 되고, 할 수 있는 것에 해야 하는 것을 맞춰서도 안 된다." 실리콘밸리는 이 생존 원칙을 잘 반영한 시스템을 갖고 있다는 생각이 들었다.

네 번째, 정직이라는 가치관이다.

스탠포드대학 투어를 하면서, 그리고 스탠포드 출신 창업가들을 만나면서 놀랐던 점은 그들은 나 자신의 부귀영화가 아니라 세상을 위해서 일하고 있다는 것이다. 그러다보니 자연스럽게 사업을 대하는 태도도 한국과는 사뭇 달랐다. 법인과 개인을 철저하게 구분하고 범우주적인 가치관을 가진 그들의 근무태도는 근본적으로 우리와는 다르다는 생각을 갖게 한다.

뉴로스카이 이구형 박사께서 실리콘밸리에서 생존하려면 정직이라는 가치를 항상 중심에 둬야 된다고 했다. 한 예로 친한 지인의 예를 들어주셨다. 그 분은 5년에 걸쳐 개발한 기술로 수백억의 투자를 따냈다고 한다. 5년 동안 돈 한 푼 없이 고생한 아내와 자식들을 위해 털코트도 사주고, 자동차도 사줬다고 한다. 투자자는 그걸 지켜보고 있다가 1년 후에 회계내역을 들이밀면서 징역을 살 것인지 지분을 다 내놓고 회사를 떠날 것인지 선택하라고 했다고 한다. 결국 자신이 공들여서 개발한 기술을 순간의 유혹 때문에 잃게 된 것이다.

단순히 실리콘밸리의 사람들이 더 양심적이고, 한국인들이 덜 양심적인 문제가 아니다. 한국에서는 정직하면 손해 본다는 인식이 있는 반면에, 실리콘밸리에서는 정직하지 않으면 손해 본다는 인식이 있다고 한다. 그렇기에 한국에서는 좁은 시각으로 눈앞에 이윤을 좇는 반면에 실리콘밸리에서는 넓은 시각으로 인류의 발전을 추구한다. 결국 그것이 맞는 방향이라는 것을 경험적으로 알기 때문이다.

연수가 끝난 후 팀원들에게 위에 3가지 키워드를 바탕으로 발표를 했다. 동시에 팀 문화와 마음가짐까지 재개편하기로 했다. 당장 9박 10일 동안 업무는 못 했지만, 새로운 도약을 위해서 마인드셋을 재정비하고 올 수 있었던 값진 시간이었다.　　　　　　　　　　　　　　　　　　　　　　　『권기원』

미국에 오기 전까지 미국과 실리콘밸리에 대해서 막연하게 알고 있었는데 이번 연수를 통해서 좀 더 구체적이고 자세하게 미국과 현 실리콘밸리의 상황에 대해서 알게 되었다. 설령 실력이 좋아서 미국에 오더라도 한국인으로서 그리고 외국인으로서 헤쳐나가야 하는 관문들은 미국 시민들보다 훨씬 더 많다. 비자 문제, 소수자에 대한 차별, 보이지 않는 벽, 무자비한 실력주의 등 마냥 미국의 생활이 장미빛으로 물들어 있지만은 않다. 그러나 한가지 확실한 것은 현재 미국의 테크 붐과 이에 덕을 보고 있는 테크 회사들이 자신이 필요로 하는 사람들에게는 확실한 보상을 한다는 점이다. 만약 자신이 끊임없이 성장할 수 있고 자신과 싸워 자신을 '필요한 사람'으로 만들 자신이 있는 사람이라면 미국 진출은 분명히 시도해 볼 만한 도전인 것 같다.

　　　　　　　　　　　　　　　　　　　　　　　　　　　『곽영훈』

매일경제의 특파원으로 근무하는 손재권 선배께서는 영화 매트릭스에 나왔던 빨간색과 파란색 알약을 선택하는 이야기로 발표를 시작했다. 영화에서 현실에 대한 사실을 직시할지 아니면 허상 속에서나마 안락함을 취할 것인지 선택하는 것과 같이 실리콘밸리에 관해서 어떠한 태도를 취할 것인지 물었다. 당연히 우리는 매트릭스의 주인공과 같이 현실을 직시하기를 원한다고 말했더니 선배께서는 다시 이야기를 시작하였다. 기자라는 직업에 걸맞다는 생각이 들 정도로 매우 신랄한 어조로 실리콘밸리에 올 생각은 꿈도 꾸지 말라는 이야기를 이어나갔다. 이곳은 모두가 실패를 하러 오는 블랙홀과 같은 느낌마저 든다고 하며 최고들이 모이는 이 땅에 와서 우리들이 성공할 수 있는 특별한 무기가 있는지를 물었다.

지금 당장 실리콘밸리에 와서 창업을 해야겠다는 생각을 하고 있었던 것은 아니었지만 이쯤 되자 조금 본질적인 의문이 들기 시작했다. 도대체 그럼 우리가 이곳에 와서 얻을 수 있는 것은 무엇일까? 단순히 가장 유명한 IT 기업들이 모여 있는 장소를 구경하기 위해서 온 것은 아닌데 그 이상의 것을 얻어 갈 수는 없는 것일까 하는 생각이 들게 되었다.

이러한 생각이 들기 시작한 후 다양한 의문이 꼬리를 물고 이어졌고 이러한 질문들의 귀결은 바쁜 삶 속에서 한참을 미뤄놓고 있었던 인생의 방향성에 대한 질문으로 이어졌다.

창업에 대한 열망으로부터 시작해서 기술 기반으로 흘러가고 있는 시대에 맞는 인사이트를 얻기 위해서 기술에 대한 이해가 바탕이 되어야 한다는 생각으로 이어져 컴퓨터학과로 석사 진학을 준비하고 있는 이 시점에서, 바로 그러한 기술과 창업의 정점인 바로 이곳 실리콘밸리에 도착하니 오히려 뭔가 모든 것을 원점에 놓고 생각할 수 있는 계기가 되었던 것이다.

결국 중요한 것은 내가 원하는 삶이 무엇인가를 규정하는 것이다. 이를 위해 살다 보면 대단해 보이는 외적인 조건들은 자연스럽게 따라온다라는 너무나 익히 많이 들어온 이 이야기가 어느새 '깨달음' 으로 다가오는 느낌을 받고 있는 나를 발견하게 되었다. 그동안 당초의 목표를 잊고 맹목적으로 기술을 위한 공부를 하느라 스스로를 많이 소진하며 생활해왔다는 생각이 들었고 인생에 있어 긴 안목으로 조금은 더 균형을 잡을 수 있게 된 것 같다.

『김래현』

연수를 다녀오면서 정말 유익하게 배운 점과 느낀 점이 많은데 그 중 우선 해외취업이 정말 쉽지 않다는 것과 미국에서의 대학원 진학에 대해 곰곰이 생각해 보는 계기가 되었다. 막연히 미국이 근무환경이 좋고 살기 좋다 해서 가고 싶다는 생각을 했었지, 어떻게 하면 비자를 받고 어떤 루트로 갈 수 있는지에 대해서는 생각해본 적이 없는 것 같다. 그리고 미국도 한국과 다르지 않게 경쟁력에 뒤처지면 낙오되는 것은 마찬가지였으며 꾸준한 자기개발과 노력만이 살길인 것은 피차 마찬가지였다. 추후에 미국에 가겠다면 보다 구체적인 루트를 통해 준비할 수 있을 것 같다는 확신이 들었다.

그리고 두 번째 미국에서의 지금 가장 핫하고 선두적인 기술, 아이템이 무엇인지 느낄 수 있었다. 단연코 미국 기업에서는 머신러닝이 가장 핫한 기술이었으며(앞으로는 어떻게 변할지 모르지만) 당분간은 이 트렌드가 계속 될 것 같다. 원래 머신러닝 쪽은 관심분야 였지만 이번 일을 계기로 방학에는 머신러닝을 깊게 공부하여 학부연구생으로 랩실에도 들어가야 겠다는 마음이 생겼다.

마지막으로 우수한 팀원들과 함께한 10일동안 정말 많은 것을 배우고 느꼈고, 큰 세상을 본 것 같다. 앞으로 한국에서의 삶을 더욱 열심히 살아야겠다는 생각이 들었다.　　　　　　　　　　　　　　　　　　　　　『김민상』

실리콘밸리 기업 문화는 신선했다. 우리나라와 같이 공채로 직원들을 채용하는게 아니라 팀단위로 필요한 사람들을 고용하며, 실제 팀원들이 팀과 조화를 잘 이룰 수 있으리라 판단되는 것들을 직접 판단하며, 또 나아가 그들 각자가 맞는 역할들을 철저히 나누고 평가하는 구조가 너무 잘 갖춰져 있었다. 그 적은 근무시간 속에서 그렇게 많은 것들을 이루어 나가는 데에는 이유가 있었다. 그리고 실제로 적은 근무라 생각했지만 그들은 자신이 맡은 업무를 처리하기 위해서 퇴근 이후에 집에서 일을 진행하는 경우도 있었다. 시간단위 근무라기 보다는 주어지는 태스크 단위 일을 했기에 근무시간은 중요하지 않았던 것이다. 신선한 경험이었고 앞으로 어떤 자세로 일을 해야 하는지에 대해 느꼈고, 어떻게 일에 임하는 분들의 사기를 끌어 올릴지 어떻게 효율을 극대화 할지에 대해 느낄 수 있는 경험이었다.　　　『권정식』

실리콘밸리에서의 10일 동안의 연수는 다른 청년들은 20대에 할 수 없는 값진 경험이라고 생각된다. 비록, 10일간의 비교적 짧은 기간이라 구체적인 기술이나 산업에 대해 깊은 경험을 하지는 못하였지만, 나름대로 스스로 창업할 회사의 미래 전략과 기업 역량 및 문화 구축에 대해 배우는 데에는 충분했던 기간이었다고 믿는다. 연수를 하면서 배울 수 있었던 창업자로서의 통찰력, 사고방식 그리고 태도들은 후에 우리의 최종 목표인 애그리 비즈니스 회사를 창업하고 이끄는데 분명히 크게 기여할 것으로 생각된다. 하지만 가장 중요한 것은 이번 경험이 나 자신을 더 크게 생각하고 더 부지런히 움직이게 하는 인생의 터닝 포인트가 되었다는 점일 것입니다. 창업을 향해 달려가는 동안, 잠시 주저앉고 싶거나 쉬고 싶을 때 올 해 실리콘밸리에서 했던 이 소중한 경험을 떠올리며 다시 달릴 수 있을 것으로 기대된다.

『김민준』

이번 실리콘밸리 연수를 통해 미국 취업에 대한 희망과 긍정적인 생각을 갖게 되었다. 이전에는 미국에서 취업한다는 것이 막연하고 머나 먼 꿈처럼 느껴졌다면, 이번 연수를 통해 그것이 실현 가능한 목표라는 사실을 자각하며 조금의 자신감을 얻게 된 것 같다. 또 코딩의 중요성을 항상 느끼고 있었으나 실제로 실리콘밸리에서 일하는 선배들을 보면서 코딩은 필수라는 사실을 다시 한 번 깨달았고 더 열심히 공부해야겠다는 동기부여를 얻을 수 있었다. 한국과는 많이 다른 근무환경을 보면서 단순히 부러워만 할 것이 아니라 그 경지에 이르기까지 얼마나 많은 노력이 있었을지 생각하며 항상 자기개발을 위해 노력하는 사람이 되어야겠다고 다짐했다. 머릿속으로 언젠가 내가 실리콘밸리에서 일하는 모습을 그리며, 그 그림이 현실이 될 때까지 끝없이 노력할 것이다.

오스만 알 감디 (에쓰오일 CEO)는 "인재는 기업을 성공시키고, 열정은 인재를 성장시킨다"라는 말을 한 적이 있다. 이번 연수를 통해 나는 열정을 얻었고, 앞으로 인재로 발전하기 위한 준비를 할 것이다. 그리고 궁극적으로 인재가 되어 기업을, 더 나아가 사회를 발전시키고 싶다.

마지막으로, 이번 연수를 통해 값진 경험을 할 수 있게 해주신 학교 선배들 그리고 소프트웨어 융합전공 교수님들과 담당자분들께 다시 한 번 감사하다는 말씀을 전하고 싶다.

『김유리』

다소 불확실한 목표와 꿈을 가지고 실리콘밸리 탐방을 시작했지만 이번 단기연수를 통해서 기대했던 것보다 더욱 많은 것을 얻을 수 있었다. 먼저 내가 얻었던 것은 스스로의 지나친 낙관론에 대한 반성이다.

실리콘밸리에서 많은 선배들을 만나면서 실제 실리콘밸리에서의 생활 등에 대해서 많이 들을 수 있고, 꼭 탐방을 다니지 않더라도 캘리포니아의 좋은 날씨와 여유로움 등은 이 곳에 다시 돌아와야겠다는 개인적인 동기부여를 하는데 더욱 도움을 주었던 것도 사실이다.

실리콘밸리 단기 연수를 통해서 실질적인 코딩 능력이 늘거나 한 것은 아니지만 '앞으로 내가 무엇을 공부하고 연구해야 하는 지를 알 수 있게 되었다는 사실은 실로 큰 수확이다. 컴퓨터 코딩 기술을 포함한 여러 가지는 이미 인터넷, 서적 등을 통해서 어느 정도는 배울 수 있지만, 오히려 너무나도 방대한 양 때문에 내게 필요한 공부가 무엇인지 몰라서 방황을 했었다. 코딩을 공부한다고 해도 어떤 분야를 공부해야 하는지, 비즈니스를 위해서는 어떤 공부를 해야 하는지 감이 잡히지 않아서 사실 답답함을 많이 느꼈다.

실리콘밸리의 많은 선배들과의 대화를 통해서 '인간 행동'에 대한 탐구와 그것의 해결을 위한 '기술'을 공부하면 된다는 점을 깨닫게 되었으며 사업을 위해서 인문학을 경시하면 안 된다는 말의 의미도 이해하게 되었다.

가장 중요한 점은 스스로 실리콘밸리를 마치 준비가 없이도 행복한 삶을 살 수 있는 천국처럼 생각했던 오류를 버릴 수 있었다는 점이다. 자신의 꿈을 이루기 위해서 앞서 서술했던 수많은 것들을 단련시켜야 한다는 점을 명확하게 알게 되었다.

이번 실리콘밸리 연수는 책을 통해서는 얻을 수 없고, 개인의 경험을 통해서만 얻을 수 있는 귀한 정보를 얻게 되었고 막연히 낭만적 기대를 하던 꿈에 대해 반성하며, 실리콘밸리에 명확한 플랜과 비전을 가지고 다시 진출해보고자 하는 결심을 가지고 돌아올 수 있었던 귀한 기회였다.   『박상용』

다녀오기 전 목표로 삼은 것은 '현지체험'이었다. 영어도 못하는 내가 나중에 그 곳에서 엔지니어로 일할 수 있을까? 라는 질문에 답을 얻기 위해 내가 한국에서 살아가는 것처럼 최대한 우리나라에서 생활 양식 그대로 9박 10일을 보냈다.

내게 미지의 세계였던 미국에 대해 많은 것을 알 수 있었고 이 곳도 한국과 별반 다르지않은 사람들이 사는 곳이라는 것도 느꼈다. 특히 엔지니어로서 이 곳에 일자리를 구하러 온다면 '뭐 견딜 만 하겠다'는 자신감도 생겼다.

나는 지금 한국에서 sm Arts라는 팀의 엔지니어로서 스마트폰 애플리케이션을 제작하고 있다. 엔지니어로 일하고있고, 특별한 일이 없다면 졸업 후에도 계속 엔지니어로서 커리어를 쌓아갈 예정이다. 소프트웨어 엔지니어라면 뉴 테크의 본 고장인 실리콘밸리에서의 삶을 꿈꿔 볼만하다는 생각을 굳히게 되는 중요한 계기가 되었다. 언젠가 다시 실리콘밸리로 돌아오고 싶다.

『박재영』

전기 자동차의 성능이 이미 기름으로 가는 차를 육박한다는 사실을 듣기만 했을 뿐이었는데 이번 연수 기간에 시승할 기회가 있었다. 2.7초면 재로백에 도달할 수 있는 Model S의 힘은 놀라웠다. 이미 변화가 일어났음을 몸소 체험하는 순간이었다. 한편 숙소에 비치된 TV를 켜니 드론으로 하는 레이싱 경기를 생중계 해주고 있었다. 아직은 몇 회 하지 않아서 대회 자체는 초보적인 단계에 머물고 있었지만 다른 e-Sports와 같이 세계적인 선수들이 나올 것이 눈에 선했다.

대한민국이 IT 강국이라는 표현을 다소 민망하게 생각되긴 하지만 불과 몇 년 전 까지만 해도 그 말이 어느 정도 맞을 수도 있었으나 지금은 그렇게 말할 수 없는 상황이 되어버린 것 같아 아쉽다는 생각이 든다. 인턴으로 개발 실무를 하며 배우고 있는 지금 거의 모든 부분에 있어서 IT 기반들이 한국에서 개발되지 않으며 나라 밖 누군가들이 쌓아놓은 토대에서 응용하는 수준을 뛰어넘지 못하고 있다는 것을 느껴왔다.

응용 분야 나름대로의 가치를 가진다 한들 적용 속도는 현재의 중국은 물론이고 베트남 같은 신흥 국가에도 뒤질 수 있는 상황이다. 인터넷 망이 크게 보급되지 않았을 때에 밀집되어 있는 국토의 특성을 이용하여 세계에서 가장 빠른 인터넷 망을 가장 빠른 속도로 구축한 우리지만, 지금 변화의 물결 앞에서는 정신을 바짝 차려야 한다는 경각심이 들었다. 대표적인 예로 중국은 현금이 주 결제수단이었다가 지금 시기에 바코드 카드를 건너뛰고 바로 모바일 페이가 보급화 되면서 노점상에서도 모바일로 결제가 가능하다는 소식을 들었다. 근간과 원천기술로 나아가는 미국과 무섭도록 응용해가는 중국 사이에서 대한민국의 분발이 더욱 요구되는 때라는 생각이 들었다.

『배명진』

내가 가진 아이디어나 분석은 완벽할 수 없다는 전제를 항상 염두에 두고 다른 사람들의 의견에 유연하게 대처할 수 있는 마음가짐을 가지고자 한다. 좋은 성과는 노력의 양과 항상 비례한다고 생각한다. 끊임없는 노력이 역량을 만든다는 믿음에 더 확신을 얻었던 것은 실리콘밸리의 선배분들은 누구보다 일과 배움에 많은 시간을 투자하고 열심히 노력하는 분들이었다는 것이다.

그런 의미에서 연수를 통해 내 믿음에 대한 확신을 얻게 되었고 앞으로 닥쳐올 일들을 스스로의 능력으로 헤쳐 나갈 수 있다는 자신감을 얻게 되었다. 또한 노력하는 자는 '세상 어디에서 든 찾고 싶은 인재'라는 생각이 들었다. 바꾸어 말하면 결국 노력하면 세상 어디든 정착하고 일할 수 있다는 확신을 얻게 된 값진 경험을 하게 되었다.　　　　　　　　　　　　『안도익』

　　KOTRA에서는 여러 분들이 유익한 강연을 해주었는데, 그 중에서도 파견근무중인 기자분의 강연이 참 충격적이고 인상깊게 다가왔다. 해외 창업과 취업, 유학 등을 생각하며 연수를 갔던 우리에게는 당황스러울 수 있는 내용이었는데, 실리콘밸리의 허상에 대해 낱낱이 이야기하는 시간을 가졌다. 실리콘밸리는 중국, 인도 등의 개발도상국 IT인재들이 모두 모이는 곳이며, 이 수많은 경쟁자들 특히 미국인들과 경쟁하여 일자리를 얻는 것이 매우 쉽지 않은 일이라는 의견이다.

　　다음으로 고대 교우회 분들과의 이야기 시간을 가질 수 있었는데, 인텔에서 칩 설계를 하시는 선배, 미국에서 창업을 하신 선배, 자동차 회사에 다니시는 선배 등 다양한 분들과 즐겁게 이야기를 나누며 여러 조언도 듣고 진로에 관해 생각해 볼 수 있는 시간을 보내게 되었다.

　　이번 연수를 통해 정처 없이 고민하던 진로 계획에 대해 보다 명확한 목표가 생기게 되었다. 본래 나는 막연하게 해외 취업을 선망하였고, 대학원을 가고 싶다고 생각하면서도 막상 그 이유에 대해서는 정확하게 설명하지 못하였다. 이제는 사회에 나가 머신 러닝 등의 데이터 과학을 해보고 싶다는 마음을 굳히게 되었고, 그 일을 더 잘 하기 위해서는 대학원 과정의 연구가 도움이 될 것 같다는 명분을 갖게 되었다. 해외 취업에 관해서도 마냥 한국을 나가고 싶다고 생각하기 보다는 해외에 나가는 것의 더 명확한 장점이 생길 때 준비해 보는 방향으로 생각을 하게 되었다. 『안병진』

다섯 번째, 업무능력 및 마인드셋 변화

a. 업무능력

단기간 연수로 업무능력이나 역량의 변화는 어렵겠지만 미국에서 생활하면서 최신기술로 이루어져있는 영어로 된 디바이스들을 사용해보니 한국은 아직 기술의 대중화가 많이 이루어지지 않았다는 생각이 들었고, 최신기술을 전보다 빠르게 받아들일 수 있는 태도를 갖출 수 있게 된 점은 큰 변화로 볼 수 있다.

b. 마인드셋

연수 전에는 해외 취업에 대한 정보가 전혀 없었기에 그저 막연한 목표라고만 생각했는데 현지에서 일을 하고 있는 선배들의 이야기를 들어보니 비현실적이기만 한 목표는 아니라는 생각이 들었고 차근차근 단기목표를 이루어 가다보면 도달할 수 있는 길이라는 자신감과 막연하게라도 해외취업까지의 경로를 볼 수 있는 시야를 갖출 수 있었다. 『안병욱』

매우 큰 기대를 가지고 실리콘밸리로 향한 나는 HP, SAP 선배분과 KOTRA에서 만난 북 캘리포니아 주 여러 관련자들을 만나서 많은 유익한 정보를 얻었다. 특히 SAP에서 근무하는 선배께서는 컴퓨터 사이언스 머신러닝 쪽 전문 엔지니어였는데 내가 큰 관심을 갖고 있던 해외취업 관련 정보와 어떤 기술력을 갖추어야 하고, 엔지니어로써 4차산업혁명 시대에 경쟁력을 어떻게 하면 갖출 수 있는지에 관한 설명으로 많은 도움을 주었다.

이번 연수는 어떻게 공부하고 앞으로 어떤 준비 할 것인지를 깨닫게 되는 중요한 계기가 되었다.

『김민상』

이번 연수를 통해서 실리콘밸리에 진출해서 일하고 있는 선배들을 만나 기업의 환경과 문화를 살펴보고 직무에 대한 정보 및 커리어 정보에 대해서 알 수 있는 기회로 미국 IT 산업과 회사 환경 그리고 선배들이 구체적으로 어떤 길을 통해서 미국으로 진출할 수 있었는지를 들으면서 미국 진출에 대한 구체적인 로드맵을 세울 수 있었다.

『곽영훈』

현재 창업을 진행 중이기 때문에 연수 기간 동안 회사를 비우기가 쉽지 않았다. 비행기에 오를 때까지도 10일 동안 회사를 비우고 실리콘밸리를 방문하는 것이 잃는 것보다 얻는 것이 더 많을지 확신이 없었다. 실리콘밸리에 대한 다양한 정보들은 국내에서도 컨퍼런스, 칼럼, SNS를 통해 확인할 수 있다고 생각했다. 오히려 짧은 기간에 좁은 시각으로 실리콘밸리를 이해하는 것보다 분야별 전문가들이 인사이트를 가지고 분석해 놓은 글이 더 정확할 거라고 생각했다. 하지만 실제 방문 이후에는 이러한 생각들이 완전히 틀렸다는 것을 알게 됐다.

9박 10일 동안 다양한 기업들을 방문해서 다양한 사람들을 만났다. 하루 종일 돌아다니다 보면 녹초가 돼서 숙소에 도착하곤 했다. 그럼에도 매일 새롭게 깨닫는 것들이 있었기에 항상 내일이 기대되었다. 『권기원』

실리콘밸리에서 만난 사람들에 대한 느낌은 한국의 상황과 크게 다르지 않았는데 이들은 살아남기 위해 하루 종일 업무를 하고, 잠을 줄이며 치열하게 산다는 것이었다. 다만 아쉬웠던 것은 취업 준비를 하는 한국인들이 같은 노력을 미국인으로서 했다면 그들과 충분히 대등한 위치에 올라갈 수 있었을 것이라는 점이다. 취업 시장이 좁고 중소기업에 대한 지원과 합리적 대우가 부족한 한국에서는 대부분의 인재들이 대기업에 취업하고자 한다. 한국의 상위 1%는 더 높은 연봉으로 대기업에 가기를 선호하지만 미국의 상위 1%는 자신의 아이디어와 열정으로 스타트업을 선호한다고 한다. 이는 실패에 대한 용인과 미개척지에 대한 도전정신이 만들어낸 결과가 아닌가 싶다.

나는 지금 스타트업 불모지 한국에서 스타트업을 꿈꾸고 있다. 5년 이상 살아남는 기업이 10%도 되지 않는 이곳에서 5년 뒤의 나를 예측하기 힘들다. 하지만 99%가 망한다는 뜻은 99%확률로 좋은 경험을 하게 된다는 뜻이라고 선배들이 조언해주었다. 실리콘밸리 사람들을 만나면서 느낀 것은 인생은 성공을 추구하는 것이 아니라 경험을 추구해야 한다는 것이었다. 99%의 확률로 실패한다 해도 이 길을 갈 수 있는 이유는 이 길의 끝에 빛이 있어서가 아니라 이 길이 주는 의미가 우리에게 빛이 되기 때문이다. 『유현호』

실리콘밸리에 계신 선배님이 공통적으로 하는 이야기는 도전이다. 하고 싶은 일, 얻고자 하는 일이 있으면 주저하지 말고 부딪히라고 한다. 대부분의 사람들은 도전하기도 전에 많은 가능성을 접어두고 포기한다. 그러나 여기 계신 선배들은 생각에 그치지 않고 실천으로 옮겼던 분들이다. 실리콘밸리에 있는 IT기업에 다니고 있다는 사실이 중요한 것이 아니라 이를 위해 하나씩 행동으로 실천했던 과정들이 중요하다고 생각한다.

내 경우, 프로그래밍을 공부한지 한 학기 정도 밖에 되지 않는다. 1전공은 경영학과이며, 제 2전공으로 정보대학 소프트웨어벤처 융합전공을 하고 있다. 자료구조를 들으며 프로그래밍에 대한 매우 기초적인 지식을 쌓았고 무엇보다 이 분야를 공부하는 것에 대한 흥미를 느끼고 있다. 그러나 한편으로 컴퓨터학과 친구들은 1, 2학년 때부터 줄곧 이 분야에 대해서 공부를 해왔기에 3학년이 되어서 시작한다는 것이 뒤처지지는 않을까 하는 걱정이 되기도 하고 그들보다 늦게 공부를 시작했다는 점이 조금은 불안하기도 했다. 그렇기 때문에 이번 연수를 떠나며 프로그래밍에 대한 기본 지식이 많이 부족하기에 연수를 통해 동기부여를 얻어 오고자 하는 마음이 컸다.

전해 듣기만 하던 실리콘밸리의 삶, 세계 시장을 선도하는 IT기업 문화 등을 직접 방문하여 현장감을 느낄 수 있었다. 사실 실리콘밸리를 다녀 오고 나서 프로그래밍을 다룰 수 있는 능력이 향상된 것도 아니고 Apple이나 엔비디아를 방문하고 나서 고무된 동기부여가 얼마나 길게 갈지도 모른다. 실리콘밸리의 삶이 당장에 내일로 다가오게 될 상황도 아니었지만 그럼에도 불구하고 실리콘밸리 단기 연수는 매우 소중한 경험이었다.

단기 연수의 목적인 (1) 기업의 문화, 기업에 입사하기 위한 조건 (2) IT 트렌드의 변화 ⑶ 선배들의 커리어 과정에 대한 궁금증 그리고 동기부여는 내가 얻을 수 있는 최고의 자산으로 생각된다.

실리콘밸리에서 일하며 생활하는 선배들의 모습, 그 지역이 가지고 있는 고유의 분위기 그리고 기업 탐방을 하며 느꼈던 기업의 문화는 Computer Science 분야에 대한 학습 동기를 올려주었다. 선배들을 만나 얘기를 나누며 느꼈던 것은 모든 학문이 마찬가지겠지만 이 분야 역시 짧은 시간 내에 무언가를 공부하고 끝낼 수 있는 것이 아니라는 것이다. 박사 학위를 마치고 기업에서 일하는 선배들 역시 새롭게 등장하는 기술을 익히고 공부를 해야만 한다고 한다. 이 분야에서는 특히 변화에 적응할 수 있는 능력이 많이 요구된다는 것을 느꼈다. 물론 이러한 특성이 '취업 후에도 끝없이 공부를 해야 한다'라는 허탈한 기분이 들 수도 있지만 나에게는 조금 다르게 다가왔다.

결국 이 분야에 대한 관심과 흥미가 중요한 것 같다. 이것 역시 학문에만 국한되는 것이 아니라 모든 영역에서 중요한 삶의 자세일 것이다. 뒤늦게 컴퓨터 프로그래밍 공부를 시작하는 것을 보고 일부 주변에서는 '원래하던 경영학 공부를 더 깊게 하는 것이 좋겠다'는 말을 하며 우려했다. 하지만 지금 당장은 부족할지 모르겠지만 앞으로 흥미롭게 공부할 수 있을 분야라는 생각한다.

열흘 동안 실리콘밸리 지역에 머물며 기업을 탐방하고 선배들과 얘기를 나누며 가능성을 보았다. 단기 연수를 떠나기 전까지만 해도 Goolgle, Apple, Intel 등과 같은 세계적 IT기업에 취업하고 일을 한다는 것이 어려운 일이라고 생각했다. 더욱이 한국이 아닌 실리콘밸리에서 일을 한다는 것은 상상조차도 못했던 일이다. 그런데 지금은 그러한 생활을 '나도 할 수 있겠구나'라는 자신감을 갖게 되었다.

가능성을 확인할 수 있었던 이번 연수는 정말 의미 있는 시간이었다. 연수를 통해서 이상으로만 생각했던 커리어 및 생활은 내가 부딪치고 노력하면 충분히 이룰 수 있는 것이라는 생각을 할 수 있게 되었다. 그리고 이 자신감에서 비롯된 동기부여 및 연수를 통해 얻은 많은 정보들이 큰 시너지를 내어 앞으로의 삶에 큰 변화를 줄 것으로 기대된다.

앞으로도 다음 기수의 소프트웨어벤처 융합전공 학생에게 해외 단기 연수의 기회가 지속되었으면 좋겠다. 더 넓은 시야를 줄 수 있는 소중한 경험으로 다가갈 것이다.

『유형태』

"We become what we behold. We shape our tools, and then our tools shape us." –Marshall McLuhan

실리콘밸리에 위치한 구글 근처에 있는 컴퓨터박물관을 방문했는데 그곳에는 오래된 컴퓨터뿐만이 아니고 오래전 개발된 미니게임들과 코딩을 하고 있다는 느낌을 주는 게임들이 전시되어 있다. 이러한 사소한 재미가 나의 생각을 바꿔 주었다. 게임을 하나하나 다 접해보고 즐겁게 경험해본 후 나가려던 때에 벽 쪽에 쓰여진 문구를 발견했다. 나는 그곳에 잠시 머물러 천천히 한 번, 두 번 계속해서 읽은 후 나 자신을 돌아보는 시간을 갖게 되었다. 물론 나는 이곳에 가기 전에 '무조건 접해보자, 부딪혀보자. 그곳에서 내가 살 수 있다는 가능성을 보고오자'이긴 했지만 사실상 불가능하지 않을까? 힘들지 않을까? 하는 생각이 더욱 컸기 때문에 나 자신에게 이 주문을 외우지 못하고 있었다. McLuhan은 나에게 큰 자신감을 안겨주었다. 미리 준비를 해놓아야 기회가 온다는 것이었다. 말 그대로 나의 tool을 shape 하지 못하면 아무것도 되지 않는다는 것. 따라서 졸업하기 전까지 나의 공부 방향에 대한 뚜렷한 목표를 잡아야겠다는 생각을 하게 되었다. 『이세임』

이번 5학기는 나에게는 학업적, 진로에 대한 고민이 함께 한 학기였다. 수업 외적인 프로젝트, 수업에서 진행하는 학기 프로젝트들을 진행하면서, 다양한 기술들에 대한 공부와 지식들을 습득해야 하는 필요를 많이 느꼈다. 실제로도 많은 공부를 하였고 그 과정 속에서 많은 것들을 느꼈다.

첫 번째로, 이러한 공부를 하는 '나'라는 사람은 인생의 여정에서 어느 위치'에 와있고, '더 나은 사람이 되기 위해서는 무엇을 해야 좋을지'와 같은 고민이 부족하다는 것을 느꼈다. 때로는 눈앞에 놓인 학기 과제들과 리포트를 작성하면서, 혹은 친구들과 코드 리뷰를 하면서 뿌듯하다는 느낌이 나다가도 집에 오는 길이면 무언가 가슴 한 켠에 답답함이 있었다. 전공이 컴퓨터라는 이유 만으로 몇 년 후의 직업이 과연 개발자일 것인가도 확신이 들지 않았고 자연스럽게 긍정하고 싶지도 않았다. 군 복무 기간 동안에 나 자신에 대해서 많이 돌아보고 알아냈다고 생각을 했지만 실상은 그렇지도 못했던 것 같다.

재미 삼아 뮤직비디오를 보는 리액션 영상을 올리는 내 채널의 구독자를 늘려보기 위해 다른 영상들을 보며 연구해보기도 하고, 다른 하과이 외국인 친구와 영상을 촬영해 보기도 하면서 새로운 재미와 나를 찾을 수 있었다. 이외에도 새로 경험하는 모든 것들은 나를 알아가는 촉진제가 되었다. 그러한 점들에서 학기가 끝나면 낯선 곳에서 머리를 비우고 나 자신을 돌아보면 좋을 것 같다고 생각했다.

두 번째로 학업적인 측면에서는 모르는 지식이 있을 경우 내가 모르는 것이 무엇이고, 이것을 습득하는 데에 방법적인 부족함이 있는 것은 무엇인가를 생각해 보았다. 물론 공부 방법에 정해진 방식이 있는 것은 아니지만, 내 방식에 대한 회의감이 들 무렵 같은 수업을 듣는 선배의 공부 방법을 보고 깊은 인상을 받았는데 우선은 공부할 부분에 대한 필요성을 인식한 후, 기본부터 공부하는 것이 아니라, 그것을 배울 수 있는 최단 시간의 방법을 찾아 위에서부터 거꾸로 학습하는 방법이었다. 그래 새로운 자극과 새로운 환경의 변화가 필요하다고 느끼게 되었다.

학기 중에 이러한 여러 생각들을 하는 과정 속에서 실리콘밸리 단기 연수를 다녀오게 되었는데, 단기 연수를 통해 많은 갈피를 잡게 될 수 있었고 자신에 대해 더욱 진지한 고민을 할 수 있었다. 『이찬주』

중국팀

제1부
상하이 혁신도시 단기연수 활동 개요

중국 정부는 올해 1분기 GDP 증가율을 6.9%로 발표하고 있다. 국내 성장률이 1.1%이고 미국이 마이너스 6.1%로 하락한 점을 생각하면 정말로 놀라운 수치가 아닐 수 없다. 13억8,000에 가까운 인구와 세계 2위의 GDP(11조9,375억 달러)를 가진 중국은 국내에서는 상상조차 할 수 없는 시장을 형성하고 있다. 중국의 스타트업 시장 또한 우리의 규모와는 비교가 될 수 없으며 매우 다양한 아이템들이 존재할 것으로 보여진다. 이에 이번 연수는 중국 상하이 혁신도시의 기업환경과 창업생태계를 알아보고 중국으로의 진출 가능성과 중국의 사업아이템의 한국 진출 가능성에 대해 연구하고 살펴보고자 한다.

목표를 살펴보면 아래와 같다.

1. 중국에서의 사업아이템의 한국 진출가능성과
   성공가능성 진단 및 실제 프로젝트 진행
2. 중국시장의 분석과 Start-Up 진출 가능성 연구

Ⅰ 교육

　　1. 중국 창업생태계 교육

　　2. TMT 교육

　　3. 장강의 창업생태계

　　4. 중국의 창업사례

Ⅱ 창업센터 방문

　　1. 알리바바 창신센터

　　2. 금산 창업센터

Ⅲ 기업방문

　　1. XIMALAYA 2. HUJIANG 3. YUEWEN GROUP

　　4. SEND RIVER 5. IMART 6. JHUBAJIE 7. BAIQINGYUN

1장 중국 창업생태계의 전반적인 상황

    자료에 따르면, 한국과 중국은 규모 측면에서 큰 차이를 보이고 있다. 한 가지 예로 한국의 KONEX에 속한 기업이 100여 곳인 것에 비해 국내의 KONEX와 비슷한 역할을 하는 중국의 신삼판(新三板)에 속해 있는 기업의 수는 만여 개에 이른다고 한다. 그 차이는 중국의 거대한 인구와 면적의 차이에서 비롯되는 결과라고 생각된다. 이런 중국의 거대한 규모에서 비롯된 비즈니스의 결과들은 이후에 한 번 더 언급하게 될 것이다.

    'INNOBOTH'는 상하이의 장강에 위치하고 있는 기업으로 한국 인큐베이터와 합작하여 설립되었으며 스타트업을 인큐베이팅하는 일을 하며 그들이 함께 일할 수 있는 공간을 제공하고 있다. 우리는 상하이에서 머무는 열흘간 INNOBOTH의 코워킹 스페이스에서 여러 연사의 이야기를 들을 수 있었다.

내용	상하이 창신센터
목표	중국의 실리콘밸리로 문화창업을 포함한 활성화 지역
육성분야	바이오 산업 & 반도체 산업 시스템 체제 구축
주요지역	장강지역을 포함한 인근 지역
정책지원	과학 기술 발전을 위한 문화 창업의 요구로 중국 정부의 핵심 지원을 받고 있음

위의 표에서 알 수 있듯이 상하이는 중국 정부의 지원을 받으며 창업을 위한 생태계가 어느 정도 갖춰진 지역이다. 최근 많이 언급되는 바이오, 반도체 분야뿐만 아니라 문화 관련 산업도 발전하고 있는 만큼, 관련 인프라와 파트너 쉽을 이용하기에 최적의 장소일 것이라는 생각이 들었다.

	1980's	1990's	2000's	2015
시대별 내용	개인 창업 중심의 창업 태동	과학 기술 인재, 공기업의 기술창업	Internet 발전에 따른 국외인재들의 창업	기존 기업의 IT화 국가적 지원의 창업 생태계 조성

1978년 개혁개방을 시작으로 2000년대 크게 성장하면서 2015년에 이르러 대대적인 지원과 창업 열풍이 일어나고 있는 중국은 얼마 전까지는 외국에서 돌아온 13만 명의 과학기술 인재들과 해외 유학생이 창업을 이끌어 냈다면, 현재는 정부와 과학 기술 연구원 등 고학력자들이 창업을 유도하고 있으며 과학 기술 연구원 중 50%가 창업을 희망한다고 한다. 그리고 2015년부터는 외국인의 창업도 가능해졌다. 창업 환경과 함께 국가 정책의 변화는 눈

에 띠게 우호적으로 발전하고 있는 것으로 나타나고 있으며 이러한 변화는 기업들을 위한 기금이 여러 곳에서 형성이 되면서 기업들에 대해 전폭적인 지원이 가능하다는 것을 의미한다. 『양진원』

1. 중국의 창업정책

한국의 일괄적인 창업 정책과는 다르게 중국은 땅 면적이 넓고 큰 만큼 좀 더 세분화되어 복잡하게 국가, 성, 시, 구 단위로 단계별로 나누어져 지원을 해준다. 또한 지역마다 발달된 창업 스타일이 다른데, 베이징은 중광촌을 중심으로 창업이 많이 이루어져 새로운 창업 스타일과 문화 흐름을 제시하고 있는데 반해, 상하이는 주변 소도시를 연맹하는 방식으로 창업 생태계가 이뤄지고 있으며 심천은 전자정보 산업을 중심으로 지역 특색을 살려 창업 환경이 조성되어 있다.

한중 벤처투자 현황에 대해서 살펴보면 중국의 전체 투자액 중 베이징이 33%, 상하이가 20%로 높게 차지했는데 INNOBOTH 대표는 2년 후에는 상하이를 비롯해 인근의 심천, 절강성을 모두 아우르는 창싼짜오우(长三角) 지역에 가장 많은 투자금액이 모이게 되고 창업이 가장 활발한 지역이 될 것이라 예상하고 있었다. 세미나 교육을 끝으로 중국에서는 정부와의 관계가 중요하므로 중앙기업이나 지방정부기업 등과 좋은 파트너쉽을 유지하면서 현지화(본토화) 전략을 가지고 한국의 기술과 중국의 시장 및 자본을 토대로 창업을 한다면 성공 가능성이 크다는 팁을 주었다.

앞서 언급한 한국의 선진기술은 신재생 에너지, 바이오, 의료 세 가지가

유망하다고 한다. 본격적인 기업 탐방과 창업 교육에 앞서 전반적으로 중국의 창업의 여러 가지 현황과 흐름을 알아갈 수 있어 유익했던 시간이었다. 이를 토대로 앞으로 방문하고 알아갈 중국의 창업 실태에 대해 더욱 잘 이해할 수 있을 것으로 기대한다. 『김나은』

2. 중국의 창업 주체와 창업 인프라

중국에서 창업 중심지는 베이징(기술창업), 상하이(인큐베이터 중심 창업), 심천(지역적 특징을 살린 창업)등이 주 지역으로 바닷가를 따라서 형성되어있으며 베이징 33%, 상하이 33%, 기타지역들이 33% 정도이며 그 규모는 국내 GDP의 60% 정도에 육박한다. 대체로 지식인 재창업이 늘고 있으며 대학생 창업 증가율도 2014년도에 대비 2015년에는 33%가 증가한 것을 보면 엘리트 창업이 활발히 이루어지고 있는 것을 알 수 있다.

우리가 탐사한 상하이의 경우 스마트제조업, 바이오산업 중심으로 창업이 이루어지고 있으며, 베이징의 경우는 기술창업 중심으로 창업이 이루어진다고 한다. 개인적으로 기술창업에 관심이 있는 만큼 베이징의 창업에 대해서도 조사의 필요성을 느꼈다.

중국이 창업에 대해 수많은 지원을 하는 것은 아마도 정부 차원에서 창업에 대한 중요성을 크게 두고 있다고 짐작하게 한다. 이러한 분위기에 편승해서 중국과의 협력을 통해 시장으로의 진출을 꾀할 수 있다면 좋은 기회가 될 것으로 생각한다. 『임성연』

2장 . 중국내 TMT(= ICT) 설명

　중국의 ICT는 몇 년 전 만하더라도 짝퉁의 산지로 여겨졌었지만, 지금은 샤오미나 화웨이는 중국의 내수를 벗어나 세계적으로도 유명한 모바일 메이커가 되었으며, 텐센트게임즈의 게임들은 항시 PlayStore의 상위권을 유지하고 있다. 또한 바이두클라우드는 1TB라는 어마어마한 용량을 무료로 제공할 만큼 그 발전에 어마어마한 가속이 붙어있다. 따라서 그 ICT의 현 상황을 들여다보는 것은 의미가 있다고 생각한다.　　　　　　　『임성연』

1. 바이두, 알리바바, 텐센트의 투자전략

BAT라고 불리는 Baidu, Alibaba, Tencent라는 인터넷 초거대기업은 이전과 달리 투자에 대한 감소와 매출의 감소로 시장을 바꾸는 방향으로 그 초점을 맞추고 있다고 한다. 바이두의 경우 여행, 특히 AI와의 연계를 통한 투자가 주 형태를 이루고 있으며, 텐센트의 경우 SNS에 대한 투자율이 높으며 다른 Unicorn 기업들과의 협력을 통해 새로운 시장을 꾀하고 있다. 알리바바는 알리페이나, 타오바오 계열의 모든 과정을 자사 프로그램을 활용함으로써 시장장악을 노리고 있다.

초거대기업들조차 새로운 시장을 찾아간다는 것은 기존의 기술발달만으로 ICT 시장을 차지할 수 없음을 의미하는 것으로 볼 수 있다. 따라서 우리는 콘텐츠에 더욱 집중하여 기술을 발전시킬 필요가 있다.

2. IOT산업 현황 및 변화

Internet of Things이라 불리는 IOT분야는 초기에는 스마트워치나 스마트홈 등의 산업에 집중하였으나 현재는 이러한 대규모적인 부분에서 공공적인 성격을 띄는 방향으로 변화되었다. 대표적인 예로는 스마트 시티, 자전거 대여시스템 등을 들 수 있다.

중국에서 체험했던 것 중 특별히 인상적인 것은 공공자전거 시스템이다. 중국은 자전거 공유 서비스 플랫폼 조차도 GPS, 빅데이터, QR 코드 및 간편하고 다양한 결제 서비스를 제공하며 고객들의 편의성을 극대화 시키고 있다. 또한 공급자가 정해놓은 장소가 아닌 고객들이 원하는 장소에 자전거를 반납할 수 있는 새로운 비즈니스 모델을 창출해 내며 혁신의 속도를 더욱 높여가고 있는 것으로 보인다.

『박노준』

중국의 자전거판 우버라고 불리는 공용 자전거들은 한국 아이돌 그룹 멤버로 유명한 스타를 모델로 기용하여 광고할 정도로 자전거 공유 기업이 치열한 경쟁을 펼치고 있다. 심지어 공유 자전거 시장 내에서 가장 큰 업체인 'MOBIKE'와 'OFO'는 중국을 벗어나 해외 진출을 눈앞에 두고 있다고 한다. 국내에도 서울시의 '따릉이', 고양시의 '피프틴' 등 공유 자전거가 배치되어 있지만 이 정도로 규모가 크고 이용률이 높은지는 의문이 들었다.

무엇 때문에 이렇게 많은 자전거가 공유될 수 있는 것일까?

첫 번째, 저렴한 비용이다. 서울시 '따릉이'와 비교해 보면 '따릉이'는 시간당 1,000원의 비용이 들지만 중국의 공유 업체들은 시간당 1위안(약 170원) 정도 밖에 들지 않는다. 양국의 물가 차이로 직접적인 비교는 어렵겠지만, 이런 낮은 비용으로 운영이 가능한 것은 이용자의 수가 그만큼 많기 때문에 가능한 것으로 생각한다.

두 번째, 반납 장소이다. 국내 공유 자전거는 설치되어 있는 반납 장소에만 반납이 가능하지만 중국에서는 그럴 필요가 없다. 본인이 사용한 후 어디든지 반납이 가능하다. 정해지지 않은 반납 장소로 인한 통행의 불편함이 문제로 대두되고 있다고는 하지만, 연수 기간 동안 그런 불편함이 느껴지지 않

았다. 오히려 반납 장소기 정해진 것처럼 역이나 건물 주변에 자전거가 가지
런히 반납되어 있는 경우가 많았다.

세 번째, 자전거 도로의 형성이다. 장강지역은 특별히 자전거 도로가 잘
형성되어 있어 자전거로 안전하게 이동할 수 있는 편이성도 큰 요인이라 하
겠다.

연수 중 공유 자전거를 직접 이용할 기회가 있었다. 연수 중 이용했던 자
전거는 특이하게도 QR코드를 이용하여 잠금을 해제한 업체의 자전거였는
데 이용 중 특이한 점은 자전거를 이용하는 방법이다. 국내에서는 짧은 기
간 등장하고 사라진 QR코드가 중국에서는 자전거뿐만 아니라 다양한 제품
에 부착되어 있었다. 단순히 부착되어 있는 것뿐만 아니라 많은 사람들이 편
하게 이용하고 있다는 점이 놀라웠다. 이는 알리바바사 주도하에 사람들이
QR코드 사용에 익숙해졌기 때문일 것이라고 한다. 자전거 잠금 해제를 위
해서는 위챗페이나 알리페이를 이용해야만 결제가 가능한 것처럼 그들이
중국에 미치는 영향력과 관련해서 이후에 추가로 언급할 것이다. 실제로 다
양한 분야의 사업에 손을 뻗고 있는 알리바바의 중국 내 영향력은 어마어마
하다.

3. 인공지능

머신러닝 머신인텔리전스 AI 단계로 나누어 볼 때, 인공지능의 최종적인
단계는 인간과 감정적 능력이 차이가 없는 기계를 의미하는 것이다. 현재 인
공지능 연구에 있어 선두주자인 미국의 경우만 AI 단계에 대한 연구단계이

며 대체로 머신인텔리전스 단계에 속하고 있다고 볼 수 있다. 이러한 변화는 향후 금융계열에서의 수많은 반복작업이 인공지능으로 대체될 뿐만 아니라 생활에도 큰 변화를 가져다줄 것으로 여겨진다.

알파고와 이세돌의 바둑대결 이후 AI에 대한 폭발적인 관심은 그 투자와 발전을 측정키 어려운 수준까지 끌어올려 놓았다. 분명 이러한 변화는 인력시장에 대한 큰 변화를 몰고 올 것이며 이러한 변화에 맞추어 우리는 시장을 바라보는 자세를 조속히 바꿔야 할 것이 분명하다. 어느 시점에서 이러한 변화가 체감이 올 정도로 변할지는 모르겠지만 그 시점이 그다지 멀지 않으리라는 것을 충분히 느끼게 되었다.

4. 엔터테인먼트산업의 변화

중국은 인터넷 예능의 성장이 괄목할 만하며(누적 257억 조회), 게임산업의 경우 모바일 계열의 게임산업이 두드러지게 발전하였는데 텐센트가 그 중심에서 산업 자체를 좌지우지하고 있다고 한다.

게임, 오락산업에서는 중국이 전 세계 시장 우위를 차지하고 있다고 볼 수 있으며 14억 명의 중국시장 속에서 사교적인 성향을 띠는 중국인 성향에 맞게 게임도 이러한 방향으로 개발되고 확산되고 있다. 그리고 또 한편으로는 중국의 게임시장이 이제는 경쟁이 너무 치열해졌기 때문에 타깃 대상을 차별화할 수 있다면 충분히 가능성이 있다고 조언을 잊지 않았다. 이번 세미나를 통해서 중국에서는 이미 소프트웨어산업이 크게 발전하고 그만큼 정부에서는 적극적인 투자를 아끼지 않고 있으며 하루가 다르게 성장하고 있다는 점을 새롭게 인지하게 되었다.   『김나은』

국내의 게임산업과는 달리 중국은 게임산업에 있어 PC의 점유율 대비 모바일 게임 점유율이 상당히 큰 것으로 나타나고 있다. 물론 국내에서도 모바일의 점유율이 조만간 PC 점유율을 넘어 설 것으로 예측되기는 하나 그러한 부분은 국내 형편과 분명히 다른 점이 있음을 느끼게 한다. 중국의 산업을 단순히 한국으로 가져오기에는 그 시장의 다름을 분명히 인지하고, 그에 맞는 변화가 필요함을 다시금 상기하게 되었다.

중국의 ICT 산업은 어찌 보면 급격한 산업화와 더불어 생겨난 특이한 모습을 이루는 것처럼 보였고, 그 대부분이 내수경제에 초점을 맞춘 듯 보였다. 그래서인지 게임산업은 지금까지 보지 못했던 형태를 띠고 있었고, 시장의 다양성과 국내 진입의 가능성을 분명히 엿볼 수 있었다.　　　　『임성연』

3장 장강의 창업생태계

　"미국에 실리콘밸리가 있다면, 중국 상하이에는 장강(長江)이 있다." 중국의 실리콘밸리라 불리는 상하이 장강지역(ZhangJiang hi-tech park)은 핵심지역만 94 km2로 총면적은 무려 470.5 km2에 이르며 총 23개 구역으로 나뉠 만큼 거대한 산업 지역이다. 이러한 장강지역은 정부 주도 아래 계획된 문화산업 도시로서 작년 기준으로 매출액이 억단위가 넘어가는 기업이 35개, 총 100억 이상의 가치가 있는 스타트업들이 밀집한 지역이자, 그러한 기업들 간의 끈끈한 네트워크를 이룬 곳이다.　　　　『김나은』

1. 장강지역의 역사

- 2005년부터 발전개시
-〉2008년 디지털 퍼블리싱 산업발달
-〉2012년 문화과학 융합 시범기지
-〉2016년 억대의 생산량을 보유한 기업이 35개로 증가
문화산업 중심으로 특성화되어 발전하였는데 YUEWEN GROUP 등과

같은 출판과 관련된 산업의 발달이 많다고 한다.

2. 리드기업들과 산업특징

장강지역의 리드기업들은 컨텐츠를 제작, 운영하는 기업과 기술을 기반으로 하는 계열의 기업으로 크게 분류되는데 Cloud Computing과 빅데이터 분석, 플랫폼경제산업, 국제화와 인큐베이터와의 협력산업체계가 이 지역의 산업특징으로 볼 수 있다.

다양한 산업체계가 넓은 지역에 퍼져있는 생태계는 다양한 협력관계와 자신만의 컨텐츠를 가지고 있다. 규모가 규모인 만큼 장강지역의 산업을 하나로 총칭하긴 어렵지만, 그 생태의 구조에 대해 확실히 감을 잡을 수 있었다. 지역 자체에서도 기술, 자원지원을 아끼지 않고 정부회사 차원에서는 3년 동안 기금지원을 하는 등, 창업에 대한 지원을 아끼지 않는다고 한다. 인큐베이터가 많다는 점이 특이한 부분이라고 생각되는데, 그만큼 이 지역에 새로이 들어오려는 창업인구가 많을 것으로 판단된다. 장강에서의 창업 장점이 첫째 기술과 자원지원, 둘째 정부 회사 정책의 기금지원, 셋째 다양한 파트너쉽 및 협력 가능으로 볼 수 있으며 이러한 혜택은 외국인에게도 동일하게 적용된다고 하여 창업에 관심있는 우리들에게는 반가운 소식이 아닐 수 없다. 이렇게 창업하는 사람들이나 스타트업을 하려는 사람들이 모여서 서로 네트워크를 이루면서 함께 성장하고 선의의 경쟁을 펼칠 수 있는 이 장강지역은 무엇보다도 창업을 하고자 하는 사람들에게 더할 나위 없이 큰 매력적인 공간일 것이다.

제2부

상하이 혁신도시에서 무엇을 보고 느꼈나?

1장 중국의 창업사례

1. 시대의 변화

2011년부터 시작된 모바일 인터넷 시대의 창업은 현재 B2B나 기업, 다인 (人) 대상의 사업이 주를 이루고 있으며 가장 큰 변화는 엔젤투자의 감소와 자본을 이용한 경쟁업체의 제거 등을 주로 볼 수 있다.

중국창업시장의 가장 큰 변화는 투자의 감소일 것이다. 과거 투자금이 1억 미만이면 제안서도 보지 않고 투자금을 주었다는 말이 있었을 정도로 중국 내 창업에 대한 투자금은 상상을 초월했으나, 현재는 어느 정도의 성장가능성을 보고 난 후에 투자가 진행된다는 점이 성숙해진 중국의 창업문화를 보여주고 있는 듯하다. 중국의 자본과 인구수가 장점이라고만 생각했으나, 자본경쟁이나 상품 생성주기의 짧음 등 분명히 단점이 되는 양면성을 가지고 있다는 것이다. 중국에서의 창업도 단순히 시장의 크기만 보고 들어갈 수 없으리라는 것을 확실히 하였다.

2. 창업의 기본 조건 및 해야 할 4가지

기본조건 : 자원, 유저

1. Segmenting을 통한 타깃 확정
2. 회사의 질(質)에 대한 인정을 받을 것

3. 본인의 핵심 자원을 잘 이용할 것

4. 유사하나 분명한 차이점이 존재해야 할 것

국내에서 창업을 하더라도 위의 원칙들은 가장 기본이 될 점일 것이다. 가장 중요하게 생각되는 것은 "분명한 차이점"이다. 수많은 아이템이 새로 만들어지고, 없어지고 하는 지금의 창업시장에서 새로운 창업아이템은 획기적인 시스템이기가 어렵다. 그렇기 때문에 기존의 성공적이었던 아이템과 유사하나 본인 만의 분명한 특징이 있는 아이템 개발은 위험부담이 적고 안정적인 아이템이 될 수도 있는 것이다.

3. 다양한 창업 사례들

플랫폼변형, 서비스, 커뮤니티, 빅데이터 소비 업그레이드, 스마트하드웨어 총 6가지 분야의 사례들을 보았는데 직접적인 사례들은 항상 시작하는 사람들에게 가장 큰 도움을 줄 수 있다. 여러 사례 중 흥미로웠던 사례를 몇 가지 예를 들어보도록 한다.

• 대학생 가이드 매칭 시스템 - 국외여행자들을 대상으로 대학생 가이드를 찾아주는 시스템이다. 분명히 수요도 있고, 대학생 가이드 입장에서의 수요(공급자 쪽에서의 수요)도 분명히 있다. 연결 중심 플랫폼산업의 표본이라고 할 수 있다.

• 다우펑 딘딘 - 부동산 연결 업체, VR을 통해서 집을 볼 수 있는 서비스이다. 가장 매력적인 부분은 건설 이전에 모델하우스가 아닌 VR을 통해서 집을 볼 수 있다는 부분일 것이다. 규모는 크지만, 그에 대비하여 기술비용

은 많이 들지 않는 서비스 분야이며 VR을 적절히 이용할 수 있는 점이 큰 장점이다.

- 스마트 캐리어 - GPS와 AI를 접목하여 캐리어가 직접적으로 사람을 따라온다. 어느 정도의 시장규모가 형성될지는 모르겠지만 수요는 분명히 예측된다. 물론 개인이 도전할 규모의 일은 아니지만 이런 독특한 아이템도 분명히 사고의 확장에는 도움이 될 것이다.

위의 내용과 같이 교육은 4가지로 요약할 수 있으며, 여기서 얻은 중국 진출을 위한 요건은 아래와 같다.

1. 시장의 크기가 다른 만큼 기초토대에 대한 생각을 바꿔야 한다.

2. 민족성에 대한 이해가 분명히 필요하다.

예를 들자면 중국은 모바일 게임 시장이 PC 시장보다 큰데 그 이유는 혼자 플레이를 좋아하는 민족성의 차이에 기초한다.

이외에도 법인이나 특허 등의 문제에 대한 사전 숙지가 반드시 필요하다.

결론적으로 중국의 창업은 국내와 크게 다르지 않다. 단편적인 부분만 보더라도 성장방식이나 그 아이템이 국내와 유사한 부분이 많았고, 반면 차이점도 있었다. 대체로 시장규모를 활용한 유저의 대규모 확보와 국가적 지원정책들에 힘입어 성공에 이르고 있다고 볼 수 있다. 또한, 앞서 말했듯이 오히려 이런 부분들이 문제가 되어 실패한 사례들도 있었다. 따라서 중국에서의 창업을 위해서는 국내에서의 창업과 같게 생각하되, 그 차이점만큼은 명확히 인식하고 있어야 한다고 하겠다.

2장 창업센터 방문

중국에서의 창업은 어떻게 진행되고 있을까? 그에 대한 지원정책은 어떠한가에 대한 궁금증 해결을 위하여 우리는 가장 대표적이라 할 수 있는 알리바바의 창신센터와 국가에서 지원을 해주는 JISHAN INCUBATING CENTER등을 방문했다.

1. 알리바바 창신센터

항저우의 알리바바 인큐베이팅 센터이다. 이 센터는 스타트업을 다양한 영역의 세계적 유니콘 기업으로 성장시키는 것을 최대의 목표로 작년 10월에 오픈하였는데 다른 창업센터와는 다르게 업종에 크게 제한을 두지 않고, 인터넷이나 빅데이터 클라우드 컴퓨팅 관련 기업이라면 자유롭게 입주를 신청할 수 있다. 알리바바의 창업지원은 기본적으로 검증된 기업을 기반으로 한다고 하는데 현재는 통신기술, 인터넷법률 서비스, SAAS 소프트웨어

서비스를 제공하는 기업들이 입주해 있다고 한다.

현재 창신센터에는 총 20여 개의 스타트업이 모여있는데 직원 수가 3명에서 20명까지 다양하게 분포되어 있는데 한 기업이 아닌 각기 다른 스타트업들이 모인 곳이어서 긴장감이 감도는 듯한 느낌이 들었고, 대부분 창업자들의 평균 나이가 20대 초반으로 우리와 비슷했다. 이 센터는 입주팀에게 월세를 포함한 경제적 지원을 해주고, 알리바바 그룹 내 전문인력의 매칭이 가능하다고 한다. 또한, 알리바바는 매년 CACSC(Create Alibaba Cloud Startup Contest)라는 글로벌 IT 스타트업 콘테스트를 개최하는데 4월부터 10월까지 영국, 미국, 인도 등을 비롯한 9개국에서 다양한 스타트업들이 모여 콘테스트를 진행한다. 작년에는 1,587개 스타트업이 전 세계 19개 도시에서 경쟁을 하였다고 한다. 알리바바가 자신 있는 인터넷 기술분야의 떠오르는 루키 들을 자사 콘테스트를 통해 검증하고, 창업센터에서 인큐베이팅해서 자사의 입지를 공고히 하면서 스타트업들을 활성화시키고 있다.

실제로 작년 한국 예선에서 1위를 한 '모바일닥터'의 어린이 체온관리서비스 앱 '열나요'가 본선에서 동상을 수상하며 세계적으로 경쟁력을 인정받았으며 알리바바가 지원하는 빅데이터 분석을 통해 보험사·제약사·의료기기업체 등과 협업하며 수익 모델도 구상 중이라고 한다. 이런 점에서 볼 때 이미 국경은 거의 허물어졌다고 느껴졌으며 누구든지 최신기술 트렌드를 알고, 평소에 불편하다고 느꼈던 것을 한 번이라도 바꿔보려는 노력을 한다면 어쩌면 우리에게 있어 스타트업이란 서포터와 파트너가 많은 크게 열려 있는 문일지도 모른다는 생각이 들었다. 『김예린』

2. 금산창업센터 (JINSHAN INCUBATING)

금산창업센터는 상하이 금산 지역의 정부가 지원해주는 창업센터이다. 금산창업센터는 알리바바 창신센터와 비슷한 모습으로 스타트업 기업들을 위한 사무실이 제공되고 창업센터 내에 있는 기업들이 서로 협력할 수 있는 구조이다. 금산창업센터에서 가장 인상적이었던 점은 개업한 지 1년도 채 되지 않는 신생창업센터이지만 어떠한 창업 아이템이라도 창업을 하고 싶은 의지만 있다면 그 외의 서류작업을 모두 지원해 준다는 것이다. 정부가 지원하는 창업센터이기 때문에 허가를 받아야 하는 부분들에서는 확실히 이점이 있을 것이라는 생각이 들었다. 중국 정부가 스타트업 회사들에 관심이 많고 이들을 적극 지원하고 있다는 생각이 들었다. 알리바바 창신센터의 높은 경쟁률과는 달리 사업 계획서 조차 없이 막 시작한 스타트업 기업들도 적극 지원해 준다고 하니, 중국 정부의 스타트업 기업들에 대한 긍정적인 생각 – 스타트업 기업 수가 증가할수록 더욱 경쟁력 있는 나라가 만들어진다는 국가 의지가 느껴졌다. 국내의 경우 현존 기술을 더욱 발전시키려고 노력하는 반면, 중국은 다양하고 창의적인 아이디어를 응원하고 더 다양한 기술을 확보하려고 노력한다는 생각이 들었다. 『강희우』

상하이 금창원은 창업센터로서 아이디어만 있다면 누구든지 지원받을 수 있는 공간이다. 이곳에 입주하게 되면 공간에 대한 지원뿐만 아니라 중국에 진출한 외국 기업이 가장 많은 어려움을 겪는 법률, 네트워킹, 사업자등록과 같은 세부적인 일까지 모두 지원 받을 수 있으며 심지어 숙소도 10만원대로 저렴하게 제공받을 수 있다. 또한, 정부 기금과 외부 투자사로부터 투자연계도 함께 진행해주며 주변에 전문학교도 많아 현지 엔지니어를 영입하기에도 최적의 장소가 되기도 한다. "자본, 인맥, 법률 등 모두 해결해 줄 것이니 사업에만 집중하여 꿈을 잡아라"라는 모토를 가지고 있기에 이 모든 것이 가능한 것이다. 한국 스타트업의 상하이금창원(上海金创苑) 입주 가능성에 대해서도 "여권만 가지고 와라"라고 간단하게 정리해 주는 등 상당히 우호적임을 강조였다.

『박노준』

장강에서 약 한 시간 거리였던 금산창업센터는 창업지원의 신세계에 가까웠다. 중국창업의 가장 큰 문제점이라고 한다면 우리가 외국인이라는 점일 것이다. 비자문제, 법인 설립문제, 언어문제, 현지 인원 보충 등 국적이 다르다는 점에서 파생될 수 있는 문제는 얼마든지 있을 것이다. 금산인큐베이팅 센터는 이런 국제적으로 협력이 필요한 부분과 기업내의 회계나 거주 문제 등을 모두 지원해줄 수 있다고 한다. 알리바바와 달리 실적보다는 그 기업의 성장가능성을 보고 입점기업들을 선택한다고 한다. 또한, 가장 매력적인 부분은 당연히 국외 인원, 즉 우리도 문제없이 입주할 수 있으며, 관련된 문제 사항들을 전부 전담해주겠다는 것이다. 따라서 중국에서의 창업에

欢迎韩国高丽大学李教授及学生来访
Welcome Professor Lee and the students
from Korea University

金创苑

있어 금산인큐베이팅 센터의 입점은 실제로 고민해봐야 할 사항임을 명심하게 되었다. 『임성연』

금창원(금산창업센터)으로 떠나던 날엔 비가 무척 많이 내렸다. 우리는 2시간 정도 버스를 타고 이동하였다. 상하이에는 총 16개의 구역이 있는데 그 중 외곽에 위치한 금산구로 가는 길은 1시간 정도 논과 밭이 펼쳐져 있었다. 도착했을 때 창업센터 정문 큰 디스플레이에 『고려대학교에서 오신 이 교수님을 비롯한 학생들의 방문을 진심으로 환영합니다!』라고 적혀 있던 문귀가 강렬한 인상을 주어서 귀국해서도 계속 기억에 남아있다. 정문에서부터 우리는 이 곳이 다른 센터보다 외국인들에게 오픈되어 있고, 다양한 인재들을 원하고 있다는 인상을 받았고 실제로 이 센터는 개업한지 1년도 채 안된 신생창업센터이다. 백화점 정도 규모의 센터에는 아직 3팀밖에 입주해 있지 않아 사무실이 조금 썰렁해 보이기도 했지만 이 센터는 어떻게 보면 아주 좋은 선택이 될 수 있을 것 같았다. 일단, '여권만 들고 오시면 됩니다.'라는 연사의 설명처럼 특이하게도 외국인이 입주하는데 아무런 조건이 없고 인건비가 시내보다 훨씬 저렴하다는 특징을 가지고 있다. 다만 주의해야 할 것은 여기서 말하는 인건비는 IT인재가 아닌 일반 노동자를 말한다. 사실 스타트업이 처음부터 시내에서 시작하라는 법은 없는 것 같다. 이 금창원은 좋은 환경과 조건을 제공하고 있고, 정부에서 크게 지원해주고 있기 때문에 각종 행사에 유리한 입지를 가지고 있다고 볼 수 있다. 만약 첫 중국진출이고, 현지의 좋은 파트너가 필요하다면 이런 센터에 입주신청을 하는 것도 권할 만

하다고 생각한다. 『김예린』

　기업 지원 창업, 국가정책적 지원 창업 두가지를 나누어 살펴본 결과 당연히 국내에서 중국으로의 진출은 국가정책 지원을 받아 나가는 부분이 적합할 것으로 판단된다. 물론 이는 금산지역이 아직 창업 발전단계이기 때문에 이 정도의 대폭적인 지원이 나오는 것일 수도 있지만, 비자나 법인설립 등의 문제를 해결하는 데에 있어서 알리바바나 텐센트같은 기업보다 많은 면에서 유리하다. 처음에는 중국에서 어떤 식으로 창업을 지원해주나를 알아보려 하였으나 중국으로의 진출에 있어 창업센터의 도움을 받아 진출하는 편이 더 낫겠다는 새로운 포인트를 얻게 되었다. 『임성연』

3장 기업방문

　어느 분야에서건 직접 경험해 본 사람에게 설명을 듣는 것 보다 좋은 어드바이스는 없다. 따라서 우리는 장강에서 컨텐츠 산업을 주도하고 있는 다양한 기업들을 만나보았다.

1. XIMALAYA
- 음성 미디어 콘텐츠 산업

　XIMALAYA는 중국에서 만났던 기업 중 가장 독특한 콘텐츠를 가지고 있던 기업이다. 다양한 콘텐츠를 오직 소리로만 전하는 플랫폼 사업을 기반으로 하는 XIMALAYA는 알리바바의 창시자 마윈이나 유명 연예인들의 레슨부터 일반인들의 토론이나 개그 등 다양한 장르를 음성파일로써 유저들에게 배포하고 있다. 이 배포 과정에서 XIMALAYA가 하는 일은 브로드캐스터(방송인)와의 연결과 관리이다. 쉽게 말하면 컨텐츠 제작을 제외한 모든 분야를 처리하는 것이다. 지금은 사업의 규모가 커진 만큼 IOT제품 등을 개발하여 본인들의 플랫폼과 연결하려는 노력을 끊임없이 하고 있다고 한다.

영상매체가 주된 미디어인 요즘 음성매체가 성공을 할 수 있었던 이유가 매우 궁금하게 여겨져서 영상매체에 대한 본인들의 경쟁력을 물어보자 그들은 아예 영상과 음성을 다른 콘텐츠분야로 여기고 있다고 답하였다. 두 매체의 사용방식도 다르고 (예를 들면 영상은 집중해서 봐야하므로 직접 시간을 할당해야 하지만 음성의 경우 다른 작업과 동시에 진행될 수 있다) 그에 따라 집중도도 다르므로 영상을 음성에 대한 대항상대로 보지 않는다는 것이다. 또한, 자신들의 성공 이유를 최초의 콘텐츠 모집방식과 최초의 마케팅 방식에 있다고 하였다. 최초에 애플리케이션이 상위에 랭크하였으며 본인들의 플랫폼이 누구나 접근 가능하다는 자유성에서 본인들의 성공이유를 꼽았다. 『임성연』

멀지 않은 거리여서 공공자전거를 타고 Ximalaya사로 떠났다. 많은 IT기업들이 모여 있는 장강가오커 지역을 가로 지르는데 5층 정도 되는 큰 규모의 기술연구소들이 보였다. 덩굴 수풀 사이로 보였던 그곳에는 흰색 콘크리트 건물 몇 동과 나무가 우거진 공원으로 보이는 시설들이 갖춰져 있었다. 20분쯤 걸었을까? 길을 잃을 것 같은 거대한 IT기업단지 속 Ximalaya사에 도착했다. 회사는 4층쯤 되는 작은 건물이었다. 들어가보니 입구 옆 벽에는 히말라야가 창립이래로 얼마나 성장했는지를 보여주는 수치들이 선그래프로 우리를 맞아주었다. 세미나를 진행하러 3층으로 올라가니, 꽤 넓은 사무실에 30명쯤 되는 직원들이 컴퓨터 앞에서 일하고 있었다. 대형 미팅룸으로 들어가서 회사소개를 들었다. Ximalaya는 국내 시장점유율 75%을 차지하는 음성 컨텐츠(라디오, 팟캐스트) 플랫폼이다. 이 사업의 키워드는 바로 '일상과의 밀접함'이다. 이용자들이 언제(퇴근하고, 목욕할 때) 어디서나 (차, 부엌) 좋아하는 음성 컨텐츠를 접할 수 있도록 하겠다는 것이다. 그래서 독특한 제품 두 가지 정도를 자체 제작하고 있는데 그 중 하나는 블루투스 차량용 스피커, 하나는 이야기를 읽어주는 라디오 인형(아동용)이다. 사실 라디오기능 만 탑재된 인형이기에 기술적으로 대단한 건 아니지만 막강한 컨텐츠를 보유함으로써 부가적인 상품을 같이 판다는 새로운 아이디어가 흥미로웠다.

『김예린』

Ximalaya는 중국의 가장 영향력 있는 음성 콘텐츠 매체이다. 콘텐츠 중심 사업인 Ximalaya는 현재 중국 내에서 음성으로서의 독자적인 영역을 차지하고 있다. 창업, 노래, 토론, 개그 등 다양한 장르의 강좌 형태 음성 콘텐츠를 연예인들과 합작하여 제공하기도 하고 일반인이 주도적으로 제작하여 공유하기도 한다. 연예인과 합작하여 콘텐츠를 제공하는 것은 팟캐스트와 비슷하고 일반인이 주도적으로 콘텐츠를 제작하여 공유하고 사람들이 실시간으로 '별 풍선'같이 돈을 내는 것은 아프리카 TV와 비슷한 특징을 갖고 있다.

틈새시장을 노린 Ximalaya는 현대인들은 영화, 라디오, 음악 등 다양한 콘텐츠에 익숙해져 있는데 이를 시간과 장소를 가리지 않고 끊임없이 사용할 수 있도록 하는 음성 서비스를 만들었다. 청각만 이용하면 되기 때문에 잠자기 전에도 사용할 수 있고 심지어는 운전을 하고 일을 하면서도 시각의 방해

를 받지 않고 사용할 수 있다. 작은 생각의 전환이 사람들에게 큰 편리함과 즐거움을 가져다 주는 좋은 예인 것 같다. 또한, 창업 시 반드시 새로운 기술과 거창한 아이디어가 아니어도 현존의 기술과 아이디어를 조금 바꾸는 안정적인 방법에 대한 생각도 잘 검토해 보면 창업의 좋은 방법이 될 수 있겠다는 생각을 하게 되었다. 『강희우』

『언제 어디서나 내가 듣고 싶은 걸 듣는다』라는 모토로 세워진 이 스타트업은 4년도 안돼서 중국 최대의 음성 콘텐츠 제공 기업이 되었으며, 중국인들이 인당 XIMALAYA FM을 듣는 시간은 평균적으로 124분을 훌쩍 넘는다고 한다. 음성 콘텐츠 사업을 기반으로 현재는 자체 상품-블루투스를 이용하여 아이들에게 이야기를 들려주는 기계, 자동차 안에서 블루투스로 연결해서 들을 수 있는 기계, 외부 소음을 완벽 차단한 3D 오디오 이어폰을 제작하여 자신의 음성 콘텐츠를 실생활에서 더욱 쉽고 간편하게 들을 수 있도록 연구 개발하고 있다.

자체적으로 음성 콘텐츠를 만들어 생방송으로 내보내기도 하고, 기존의 플랫폼 중에서 음성지원이 없던 것을 이 서비스를 통해 음성으로 선전할 수 있는 플랫폼도 만들어 운영하고 있다. 그리고 유명한 연예인들이 이 플랫폼을 통해 팬들과 소통하고 대중에게 자신들의 신곡이나 새로 찍은 드라마 혹은 영화를 공유하고 홍보할 수 있도록 하고 있다. 이 외에도 Ximalaya는 영화사, 국내외 기업들과 합작하여 다양한 플랫폼 서비스를 제공하고 있다.

이전에는 제품을 제작하고 생산하는 기업이 산업 전반을 주도했다면, 이제는 "콘텐츠"를 가진 회사가 역으로 시장을 주도하는 것을 보여주는 대표적인 스타트업이기도 하다. 여기는 누구나 자신만의 무기(개인기)를 가지고 있다면 자신의 콘텐츠를 만들 수 있다는 취지로 실제로 일반 대학생들도 자신만의 낭독법을 살려서 음성 콘텐츠를 제작하여 방송하고 있다고 한다. Youtube 음성버전처럼 보이는 이 스타트업에 방문하여 전반적인 소개를 들으며 콘텐츠의 중요성을 배웠고, 양보다는 질이라는 점을 명확히 알 수 있었다. 또한, 회사의 취지처럼 평소 가볍게 생각했던 여러 아이디어를 다시 한번 구체적으로 생각해 보는 계기가 되었다.

그래서 생각해낸 아이디어가 있는데

1) XIMALAYA FM에서의 "百车全说"와 같이, 자동차의 특성 및 장점을 소개하여 이를 통해 소비자를 끌어들이고 직접 각 대리점에 연결할 수 있도록 하여 구매로 연결될 수 있도록 하는 것이다, 국내 자동차 회사의 예를 들자면 현대, 기아자동차 등과 컨택해서 합작하여 제작할 경우 수입 자동차와 비교하여 국산 자동차를 널리 홍보할 수 있는 기회가 될 수 있고, 적은 비용으로 효과적이고도 소비자들에게 신뢰를 주는 마케팅 방법이 될 수 있다는 생각이 들었다.

2) 한류열풍이 크게 부는 만큼 한국 관련 문화 콘텐츠, 예를 들자면 한국어 교육, 패션, 뷰티 등을 중국인을 대상으로 중국어로 소개해주는 컨셉으로 XIMALAYA FM 플랫폼을 이용해 오디오 방송해보면 어떨까라는 생각해보았다. 이처럼 XIMALAYA는 다양한 아이디어를 떠올릴 수 있게 해주었던 인상깊었던 스타트업이었다.

『김나은』

2. HUJIANG
- 어학 중심 강의 콘텐츠 산업

인터넷 학습 플랫폼인 HUJIANG의 창업자는 대학생 신분으로 이 회사를 세우게 되었다고 한다. 현재 HUJIANG 기업은 유니콘 기업으로 성장하였고 대학생 창업의 본보기가 되는 대표적인 기업 중 하나가 되었다. 주로 강의는 언어 학습에 초점을 두고 있으며 컴퓨터 코딩이나 회계 등의 학습 영상도 업로드 되어 있다. 커뮤니티를 통해 서로의 정보를 전달하여 학습의 효과를 증가시킨다고 하는데 한 가지 놀라운 점은 광고 없이 교육 컨텐츠를 통해서만 수익을 낸다고 한다. 강의의 약 2%만이 유료 컨텐츠라고 하며 이는 유명 강사를 초청해서 라이브로 진행하고 있는데 국내 인터넷 강의와 다른 점이 있다면 교육 컨텐츠가 집중하는 분야였다. 한국의 인터넷 강의를 생각하면 대학교 입시를 준비하는 고등학생이 떠오른다. 하지만 중국 입시 교육은 인터넷보다는 학원의 기숙사에 들어가는 경우가 많기 때문에 입시 강의는 크게 인기가 없다고 한다. 이런 이유로 고등학생을 대상으로 하는 컨텐츠는 15% 정도 밖에 되지 않으며 유학생과 제 2외국어를 배우려는 사람들을 주된 타깃으로 하고 있다고 한다.

이 기업에서 무엇보다도 가장 인상 깊었던 것은 농촌 학생들을 대상으로 교육을 제공하기 위해 공익 활동을 펼치고 있다는 점이다. 교육에 관련된 문제 중 한 가지가 바로 '불균형적인 교육 기회'이다. 그들의 이야기에 따르면, 중국에는 농촌 지역이 굉장히 많은데 많은 농촌 지역에 교사의 수가 부족하다고 한다. 이런 지역에 인터넷만 있다면 좋은 강의를 제공할 수 있다는 것이 그들의 생각이다. HUJIANG은 이런 사회적인 문제를 기업의 플랫폼에 내재되어 있는 학습 강의를 통해 해결해 나가고 있다. 『양진원』

인터넷강의는 국내에서는 이미 메가스터디와 EBS라는 양대산맥이 버티고 있는 초 레드오션이다. 중국의 HUJIANG은 중국 내 인터넷교육의 선두주자로 국내의 인터넷강의가 대학입시와 관련이 커서 고등교육에 집중되어 있는 것과는 달리, HUJIANG은 언어, 특히 영어에 그 중심을 두고 강의를 구성하는데, 이는 중국에서는 대학졸업을 위해 영어시험이 필요한 것에 그 이유가 크다 할 수 있다. 즉, 우리와 타깃층은 다르지만 그 방식은 크게 다르지 않은 것 같다. 이 기업의 특이한 점은 CCtalk라는 플랫폼이었는데 한마디로 공공성 교육을 위한 플랫폼이다. 중국은 국토의 크기가 거대한 만큼 교육환경이 열악한 지역이 꽤 다수이고 이런 인터넷교육 플랫폼은 중국에서는 추가적인 교육이 아니라 기본 교육으로써 그 효과를 발휘할 수 있다는 부분이 인상 깊었다. 『임성연』

HUJIANG사는 센터에서 조금 떨어진 고층빌딩에 입주해 있다. 그 빌딩의 3층 정도를 차지하고 있는데 예상보다 직원수가 많아 놀라웠다. 이 회사는 주로 영어중심의 외국어학습 토탈 서비스를 제공하고 있는데 크게 LC/RC 학습 프로그램, 인터넷 강의, 온라인 사전, 커뮤니티로 나눌 수 있다. 강

사는 자체적으로 어느 정도 기준을 충족하면 선별하여 고용하는 방식이라고 한다. 독특했던 것은 'CCTalk' 이라는 실시간 무료강의 플랫폼이다. 여기서는 앱에서 방송녹화 툴을 제공하기 때문에 누구나 강의를 녹화하고 올려 강사가 될 수 있다. 이 회사는 우리나라 해커스, YBM과 비슷한 비즈니스라고 볼 수 있는데, 이 회사들보다 앱기반이고, 강사와 학습자 또는 학습자 간의 소통을 더 원활히 하는 서비스들이 첨가되었다는 점에서 소비자들의 니즈를 더 잘 파악할 수 있을 것으로 보여진다. 『김예린』

HUJIANG은 방문했던 기업들 중 가장 규모가 컸던 기업이다. 유니콘 기업임에도 불구하고 직원들이 여러 층을 채웠고 현재 관리하고 있는 앱만 해도 총 30개가 된다고 한다. HUJIANG은 중국의 외국어 교육 유니콘 기업으로 한국의 메가스터디와 비슷한 시스템이다. 교사가 온라인으로 강의를 학생들에게 전달하는데 라이브와 녹화 형식으로 진행된다. 특히 인상적이었던 건 앱의 사회 공헌도이다. 중국은 농촌에 살고 있어 정규 교육을 받지 못하고 있는 학생들을 위한 무료 서비스를 제공하고 있다는 것이 인상적이었다. 창업을 통해 일반 사람들이 사용할 수 있는 서비스 외에도 세상 모든 사람들이 즐길 수 있는 서비스를 만들 수 있으면 좋을 것 같다는 생각이 들었다. 『강희우』

현재 1억5천만명이 넘는 사람들이 이용하고 작년에 이미 5억 인민폐 매출을 달성한 인터넷 외국어 교육 기업인 HIJIANG은 CEO가 2001년에 대학교

3학년 때 창업을 시작하여, 2006년 졸업 후 본격적으로 5만 인민폐로 회사를 창립했으며 여러 곳에서 투자를 받기 시작하여, 2009년에는 沪江网校라고 해서 인터넷으로 플랫폼을 제시해 2016년에는 사용자 수 1억 돌파, 2017년에는 1억 5천만 명을 돌파하였으며, 2014년에 시가총액 1억을 넘어섰고 이제 곧 상장기업이 될 예정이라고 한다.

기존에는 사전에 교육 영상 콘텐츠를 제작해 올렸지만, 2012년부터는 'CCTalk'라는 영상 만들어서 실시간으로 외국어 강의를 진행하고 이용자들이 들어와서 교육을 받는 형태의 플랫폼을 만들었다. 이는 앱을 통해서 실시간으로 문제를 물어보고 강사가 이를 확인해서 대답해줄 수 있는 장점이 있다. 더우기 농촌 학생들 대상으로 무료교육 서비스를 제공하고 있어 공익적인 활동으로 많은 지원을 받고 있다고 볼 수 있다.

대부분 이러한 사업은 광고 수입을 통해 이익을 창출하지만, 여기는 광고 없이 온라인 수업 판매를 통해 수익을 올린다고 한다. 또한 단어, 사전, 듣기, 통합 앱 등이 있어 이러한 앱을 학습도구로 활용하여 공부를 복습하고 서로 호환할 수 있도록 해 놓았다. 회사 내부를 잠시 둘러봤는데 여성 직원이 상대적으로 많았고 사내에 보육시설을 갖추고 있어 여성들에 대한 복지가 좋은 것을 알 수 있었고, 실제로 자녀들을 맡길 곳이 없는 방학 때는 회사 내에 이 보육시설을 안심하고 이용한다고 한다. 그리고 직원들의 불만 접수를 받는 보드와 또 다른 칠판에는 매번 주제를 정해서 미화차원에서 꾸미는 분이 따로 존재하는 게 특이하게 느껴졌다. 무엇보다 일하는 분위기가 자유로웠고 캐주얼한 복장은 물론, 일하는 시간과 스케줄 등이 유동적이다.

CEO가 젊고 우리 나이 때 창업을 시작했던 만큼 대학생 창업의 본보기가 되는 회사로서, 단기간에 크게 성장할 수 있던 비결과 전반적으로 자유롭고 활기찬 사내 분위기를 보고 느낄 수 있었다.   『김나은』

3. YUEWEN GROUP
- WEB BOOK 콘텐츠 산업

YUEWEN GROUP은 중국에서 가장 큰 웹 소설 콘텐츠 유니콘 기업이다. 이 회사는 창업자 5명으로 시작해 급속도로 중국 전역에 영향을 끼친 기업이다. YUEWEN GROUP에서 가장 인상적이었던 부분은 웹 소설이라는 새로운 문화를 중국 전역을 넘어 세계에 도달하고자 하는 목표를 갖고 있다. 보편적으로 창업을 시작할 때 앞으로의 비전을 정하고 시작하는데 YUEWEN의 비전은 중국이라는 나라에 국한되어 있는 것이 아니라 전 세계를 향한 "culture creative industry"라는 큰 비전을 갖고 있었다. 현대사회에 가장 영향력 있는 창업 아이템은 하나의 새로운 문화를 창조하는 것이라는 배움을 주었고 인터넷 플랫폼을 통해 서로의 문화를 교류하는 시대인 만큼 타깃 고객을 한 나라에 국한시키기보다는 전 세계를 타깃으로 하는 큰 꿈을 심어주었다.   『강희우』

중국에서 웹소설은 샨다그룹이나 텐센트같은 대기업에서 주도를 하고 있

을 만큼 널리 퍼진 콘텐츠이다. 그 중 YUEWEN은 독특한 본인들의 모델로 성공을 거둔 기업이다. YUEWEN GROUP 사업은 크게 생산 및 배포 그리고 저작권산업으로 나뉜다. 그 중에는 번역소설들도 존재한다고 한다.

번역소설도 플랫폼 내에 탑재가 가능하다는 것에서 국내 소설들 중 번역을 통해 이 플랫폼에 연결하는 방식의 운영도 가능할 것 같다는 생각이 들었다. 실제로 현재 일본 만화시장과 연결되어 있다고 하니 국내와의 연결도 충분히 가능할 것 같다. 국내 웹소설 시장 중 가장 큰 시장은 네이버 웹소설이다. 그러나 그 규모나 유저 수를 생각하면 극명한 차이가 있는데 그 차이점을 분석하는 것은 국내에서 웹 소설 산업이 반등할 가장 큰 방법일 것으로 생각된다.

『임성연』

4. SEND RIVER
- VIP 의류 산업

금산에서 방문한 SEND RIVER는 VIP중심 의류산업이다. 결코 만만치 않은 가격대의 상품들을 공산 혹은 수공과정을 거쳐서 판매하고 있는데, 그 재료와 그 품질이 상당히 우수한 편이다. 의류산업 중 VIP중심 로얄산업은 다수가 있지만, 대부분이 알려질 만큼 알려진 명품산업들이고 그 사이에서 고객을 얻어내는 것은 분명히 그 품질과 마케팅에 있어 타 기업과의 차별점이

있었기에 성공했을 것이다. 시간관계상 오래 머무르진 못했지만, VIP 중심 산업의 창업도 성공할 수 있음을 보여주는 좋은 사례로 여겨진다.

5. IMART
- 유아용품 콘텐츠 산업

　- 중국은 인구가 많은 만큼 출산율이 낮아도 실제 태어나는 신생아 수는 엄청난 수준이다. 통계에 따르면 인구는 약 13억 3천만명이고 (2017년 4월 기준) 2016년 신생아수는 1천 846만 명이라고 한다. 2017년 1~5월 중 출생한

신생아 수가 740만 7천명에 달한다. 그만큼 유아용품의 판매량도 상당할 것이다. IMART는 그 중간에서 물품들을 유통하는 회사이다. B2B사업의 표상으로 볼 수 있었던 IMART는 중국의 인구수라는 이점을 가장 잘 살린 회사임과 동시에 한 아이 정책 폐지라는 정책에 힘을 입기도 한 기업이다.

사실 국내에서 이 사업모델의 성공가능성은 매우 불투명할 것으로 생각되는데 이는 출산율의 저하와 실제 인구수 대비 수익률을 추산하면 중국의 1/10도 안될 것이 분명하기 때문이다. 이런 사례를 통해서 시장의 차이를 명확하게 인지할 수 있었다.

6. JHUBAJIE
- 용역 커넥팅 콘텐츠 산업

　JHUBAJIE에 대한 설명을 들었을 때 가장 놀랐던 것은 규모가 20억달러라는 것이었다. 도대체 어떻게 하면 용역업체의 규모가 2조원이 넘는 기업이 될 수 있었을까? 가서 설명을 듣다보니 그 이유를 알 수 있게 되었다. JHUBAJIE는 일단 처음 생각했던 단순한 용역 소개업체가 아닌 기술이나 전문인력 등 다양한 분야에서 맞춤식 인재를 요구 업체에 소개시켜 주는 방식

이었는데 그 중간에서 수수료를 받는 식이었고 특이했던 점이 업체에 대한 업무가 종료된 후 금액을 지불하는 방식이 먼저 선금으로 업체에게 받고 업무 종료 후 그 성과에 따라 용역에게 금액을 지급하는 방식이다.

국내에도 위시캣 등 유사한 플랫폼이 몇 가지 존재하지만 이렇게 큰 규모와 다양한 계열로 넓게 있다는 점에 있어 극명한 차이를 보이고 있다. 등록된 용역 업체가 1천만개 정도 된다는데 국내 용역인구가 1천만이 안될테니 그 규모차이도 분명히 인식해야 할 것이다. 매칭 분야는 요즘 AI의 핵심분야 중 하나이고 JHUBAJIE도 비슷한 방식을 실제 이용하고 있다고 한다. 이 플랫폼은 분명 국내에도 사업화가 가능할 만하지만 중요한 것은 시장의 다름에 따라 타깃층을 명확히 하는 것이 가장 큰 관건이 될 것이다.

7. BAIQINGYUN
- 모바일 이모티콘 생산 콘텐츠 산업

이모티콘 산업은 모바일 메신저 애플리케이션 사업이 개인 간 통신에 가장 핵심이 된 이후 급속도로 발달한 산업이다. BAIQINGYUN은 이모티콘 산업에 이제 막 뛰어든 기업이나 그 잠재력이 상당하다. 그들의 중점적인 아이템은 3개국 이상의 (일본, 미국, 중국) 인원들이 모여서 주문을 받은 이모티콘을 제작하는 것인데 그들이 만들고 있는 이모티콘들은 다양성이 분명할 것으로 기대된다.

그에 비해 국내의 메신저는 카카오톡이 거의 90%이상을 차지하고 있다고 보아도 과언이 아니다. 물론 중국도 텐센트의 위챗이 상당비율을 차지하고 있지만, 둘은 그 개방성에 분명한 차이가 있다. 위챗의 경우에는 타 기업과의 연합 협력 등을 중시하는 텐센트의 특징처럼 개방된 분야가 많은 반면 카카오톡의 경우에는 작가들에게 일종의 수수료만 주고 본인들이 제작 배포하는 방식을 고수한다. 그래서인지 국내 이모티콘 산업 발달은 다소 위축되어 있는 상황인 것 같다. 국내의 이모티콘산업은 중국의 이러한 상황 등을 분석하여 다른 해결점을 찾는다면 사업성을 크게 확대할 수 있는 기회가 되리라 생각된다.

기업탐방을 마치고

거대한 기업부터, 작은 기업까지 각기 다르고, 한 개의 콘텐츠도 겹치지 않는 다양한 7개의 기업들을 살펴보고 그들의 이야기를 들어보았다. 모든 기업의 스토리는 서로 달랐지만 그들의 공통점은 본인들의 콘텐츠를 믿고 밀고 나갔다는 점과 다들 무언가 필요로 하는 시장이 분명히 존재하는 부분을 비집고 들어갔다는 점이다. XIMALAYA나 HUJIANG의 경우에 음성매체와 웹소설매체가 영상매체와 웹툰에 대항해서 이 정도 규모로 성장할 수 있다는 점이 그동안 생각해왔던 시장 내의 컨텐츠의 양상이 내가 생각한 것과 많이 다르다는 점을 크게 깨달았다.

그러한 사업 아이템들은 중국의 인구와 시장규모에서 비롯되어 성공한 점들이 크지만, 분명히 국내로의 진출 가능성들이 보였다. 이들을 분석 파악해서 국내시장에 적용할 방식을 연구해 보는 것이 가장 큰 과업이 될 것이며 또한, 그 분석은 우리가 중국으로 나아가 진출함에도 그 시장을 파악하는데 큰 도움일 것이다.

4장 Mobile World Congress Shanghai 참관

연수기간중 마침 상하이에서 Mobile World Congress Shanghai (MWC)가 진행되어 세계의 Mobile산업의 발달을 직접 체감할 수 있었다. 그중 전시회와 인상적인 부스인 모토롤라, yunOS, 중국이동 글로벌 유심칩에 대한 내용이다.

1. MWC 방문

약 2개월 전에 국내 World IT SHOW를 방문했었다. 대체로 모든 컨텐츠가 VR에 집중되어 있었는데 사람들에게 보여줘야 하는 박람회인 만큼 어찌보면 당연한 선택이지만 다양한 4차산업에 있어 VR에 컨텐츠가 국한되어 있다는 것이 안타까웠다.

Mobile World Congress는 IT SHOW에 비해 규모가 큰 만큼 좀더 다양한 컨텐츠가 있었다. 크게 산업구역과 체험구역의 2개 구역으로 분리하고 그 구역을 다시 몇 개의 블록으로 나눠 행사를 진행하고 있었다. 국가적 차원에서 관리하는 사업에서 소규모 스타트업부터 알리바바 같은 대기업에 국제적기업, 특히 한국의 IT관련 스타트업들도 있었다.

대기업 중 단연 관심을 끌었던 곳은 단연코 알리바바였는데 다양한 아이템 중 가장 흥미로운 것은 새로 출시한 YunOS였다. 누가봐도 내수를 노린 형태였지만 HP와 협력하여 자체 탑재한 노트북을 이미 출시하려고 하는 점에서 발전 가능성을 분명히 볼 수 있었다.

스타트업은 너무 다양했으나 그 중 특이했던 하나는 meitu라는 기업이었는데, 스타트업이라 할 수준은 아니었지만 독특했던 것이 카메라 애플리케이션으로 시작했던 회사가 그 규모가 거대해져서 스스로 스마트폰을 개발, 사진이 잘 찍힌다는 콘셉트로 판매를 시작한 독특한 기업이었다. 이러한 성공스토리들로 무장한 기업들이 시연하고 있는 것을 보다 보면 다시금 열정이 오르는 기분이다.

국내 기업 부스들도 흥미로웠다. 블루투스를 이용한 결제시스템부터 IOT Service 플랫폼, 교육용 VR 컨텐츠 등의 아이템들이 소개되어 있었고, 흥미로운 것부터 IT SHOW에서 봤던 것까지 다양하였다. 그 외에 KT같은 대기업과 다른 해외 기업들도 다양하게 참여하고 있었다.

4차산업의 발달은 Mobile, 엄밀히 말하면 IT산업 전체의 판도를 바꾸었

다. 특히 IOT는 가장 친근하게 소비자에게 확산된 분야로 특히 관심이 있는 분야이기도 하다. IOT관련 분야들을 관심있게 관찰해본 결과, 그 적용가능성은 내가 상상하던 분야를 크게 확장해야 함을 느꼈다. 이는 IOT에만 국한된게 아니라 모든 분야에서 그러하였고, 무엇보다 그들(AI, IOT, VR 등)의 결합으로 이뤄낸 콘텐츠의 개발이 중요함을 알았다. 따라서 한 분야에 국한되는 것이 아닌 다양한 분야의 조합을 통해 앞으로 나아갈 방향을 정하는 것이 중요할 것이라 느꼈다. 『임성연』

2. 모토롤라

모토롤라 핸드폰을 10년만에 처음 봤다. 모토롤라는 2007년 아이폰이 처음 출시된 이래로 하락의 궤도를 벗어나지 못하고 거의 모바일 업계에서 철수하였다. 이후 중국의 레노버에 인수되었다고 들었지만, 모토롤라 스마트폰을 이렇게 다시 중국에서 보게 될 줄은 몰랐다. 새로운 시도에 맞게 모토롤라 스마트폰은 매우 독특했다. 기본 본체인 스마트폰은 외관상 별로 다르지 않지만, 폰 뒷면에 추가 디바이스를 본체와 결합시키면, 고성능 카메라가 되기도 하고 휴대폰 거치대가 되기도 하는 조립형 스마트폰이었다. 사실 요즘 사람들은 거의 다 스마트폰으로 매우 다양한 종류의 일을 행하고 있기 때문에 앞으로 이전의 모토롤라가 불러오는 또 다른 모바일 혁신이 일어날 수도 있겠다는 생각이 들었다.

3. yunOS

마지막 구역인 전 세계 대기업들이 모여 있는 곳에서 알리바바가 만든 OS인 'yunOS'를 보았다. 사실 중국이 공격적으로 IT확장을 하고 있다는 것은 잘 알고 있었지만, 실제로 알리바바 OS가 탑재된 스마트폰을 만져보니 기분이 묘했고 한편으로는 너무 IOS와 안드로이드를 짬뽕시켜 급하게 만든 듯한 '짝퉁'느낌이 들어 '역시 중국이군' 하며 피식 웃긴 했지만, 다른 한편으로는 앞으로 어떤 변화가 일어날지 상상하는 것만으로도 아찔했다. 왜냐하면 현재 삼성 스마트폰이 아이폰을 이길 수 없는 절대적인 원인이 자체개발 OS에 있다고 생각하기 때문이다. 그런데 앞으로 알리바바가 정부에 힘입어 yunOS를 자국에 배포한다면, 삼성 스마트폰에 큰 위기가 오는 것은 아닐까라는 우려가 된다. 미래는 쉽게 단정지을 수 있는 것은 아니지만, 그래도 최소한 앞으로 다가올 새로운 국면에 스스로 대비하고 있어야 할 필요성을 크게 느꼈다.

4. 중국이동 글로벌 유심칩

전시회 안쪽에서 크게 눈을 끄는 대형 디스플레이가 있었다. 그러나 놀랍게도 이 회사는 디스플레이 회사가 아닌 중국 대형통신사 '중국이동'이었다. 디스플레이가 보여주는 것은 현재 전 세계에 배치된 자사의 유·무선 통신망이었는데 전 세계 국가의 200개 지역뿐만 아니라 심지어는 바다에 까지도 이 중국이동 통신망이 깔려있다고 한다. 중국이동 통신사의 안내원의 말을 빌자면 '중국이동'의 유심칩만 있으면 전 세계 어디에서도 부가적인 로밍 필요없이 자국에 있는 것처럼 통신할 수 있다고 한다. 해외 여행 중 통신 부분에서 큰 불편함을 느낀 나로서는 매우 파격적인 서비스로 비춰졌다. 그들의 말처럼 '중국이동'의 통신망이 전 세계에 깔려있다면, 국적을 떠나 그 유심을 사는 것도 한 번 고려해볼 만한 것 같다. 『김예린』

제3부
상하이 혁신도시 단기연수는
나에게 어떤 변화를 주었나?

더 큰 세상, 더 큰 꿈!

상하이 단기연수는 나에게 더 큰 꿈을 갖게 해준 소중한 계기이다. 평소 나는 창업에 관심이 많았지만 경험이 없어 창업에 대한 자세한 과정들을 알 수 없었다. 그렇기 때문에 꿈이 커질수록 성취 가능성이 낮아졌고 그에 따라 점점 현실에 맞는 작은 목표로 축소되었다. 하지만 이번 상하이 단기연수에 참가하면서 중국의 유니콘 기업들의 창업 과정들을 보았고 시작은 다들 사소하다는 것을 느꼈다. 그들의 창업 아이디어들은 지식이 많고 기술이 많은 사람들만이 생각해낼 수 있는 것이 아니라 현대 사회에 부족한 부분을 채워주는 작은 아이디어라는 것이다. 뿐만 아니라, 중요한 것은 작은 생각의 변환으로 시작하되 끊임없이 시대에 맞춰 변화해야 한다는 것이다. 또한, 작은 생각을 작은 세상에 묶어 놓는 것이 아닌 작은 생각을 하나의 문화로 만들고 이를 전 세계 사람들과 공유하고자 하는 것이 기업들의 공통된 특징이자 비전인 것 같다.

　상하이 단기연수는 나에게 창업에 대한 자신감을 심어줬을 뿐 아니라 더 큰 세상을 보여줬고 더 큰 꿈을 꿀 수 있도록 해주었다. 이번 기회를 지나치지 않고 세계인 모두와 공유할 수 있는 문화를 만드는 목표를 갖고 세상의 흐름을 읽는 연습을 끊임없이 해야겠다는 생각이 들었다.　　　　『강희우』

　중국에서는 이미 소프트웨어산업이 크게 발전하고 적극적인 투자를 아끼지 않고 있으며 지금도 하루가 다르게 성장하고 있는 점이 놀라울 따름이다. 한국의 일괄적인 창업 정책과는 다르게 중국에서는 면적이 넓고 큰 만큼 좀 더 세분화되어 복잡하게 국가, 성, 시, 구 단위로 나누어서 지원을 해준다. 각 지역마다 발달된 창업 스타일이 다른데, 베이징은 중광촌을 중심으로 창업이 많이 이루어져 새로운 창업 스타일과 문화 흐름을 제시하고, 상하이는 주변 소도시를 연맹하는 방식으로 창업 생태계가 이뤄지고 있으며, 심천은 전자정보 산업을 중심으로 지역 특색을 살려 창업 환경이 조성되어 있다.

　한중 벤처투자 현황에 대해서도 살펴보면서 중국의 전체 투자액 중 베이징이 33%, 상하이가 20%으로 전국에서 높게 차지했는데, INNOBOTH 대표께서는 2년 후에는 상하이를 비롯해 심천, 절강성을 모두 아우르는 창싼쨔오우(长三角) 지역에 가장 많은 투자금액이 모이고 창업이 가장 활발한 지역이 될 것이라 예측하였다. 특히 중국에서는 정부와의 관계가 중요하므로 중앙기업이나 지방정부기업 등과 좋은 파트너쉽을 유지하면서 현지화 전략을 가지고 한국의 선진기술(신재생 에너지, 바이오, 의료)과 중국의 시장 및 자본을 토대로 창업을 한다면 성공 가능성이 크다고 팁을 주기도 하였다.

특히 사전교육은 기업 탐방과 창업 교육에 앞서 전반적으로 중국의 창업의 여러 가지 현황과 흐름을 알 수 있어 유익했던 시간이었고, 이를 토대로 중국의 창업 실태에 대해 더욱 잘 이해할 수 있었던 것 같다. 막연하게 SW 산업 등에서 우리나라보다는 뒤쳐질 것이라고 생각했던 내게 이번 연수는 큰 충격과 새로운 기회의 시작으로 여겨진다.　　　　　『김나은』

나는 올해 상반기부터 스마트홈 플랫폼 스타트업 sm Arts에 개발자로 참여하고 있다. sm Arts는 소프트웨어벤처 융합전공 학생들이 모여 시작한 스타트업으로 폐쇄적이고 배타적인 스마트홈 환경을 통합하고 개선하는 것을 목표로 한다. 컴퓨터를 전공하고 코딩에 익숙한 나로선 이 스타트업이 하나의 좋은 경험이자, 성장의 계기가 될 수 있을 거라고 생각했다. 그러나 나는 개발자라는 직무에 더 많이 충실하고 싶은 나머지, 기획부터 재무 심지어 디자인까지 업무가 진행되는 여러 프로세스를 간과해 버리는 실수를 범했다. 내 일 말고는 다 남의 일이었던 것이다. 한 학기 동안 자신의 역할만 다하면 될 거라고 믿었지만, 이러한 생각은 업무 진행에 있어 여러 불협화음을 야기했다. 팀원으로서 개발자는 개발에 집중해야 하지만, 단순 개발만이 아닌, 팀 전체의 기획과 계획에 적극적으로 참여할 수 있는 역량 또한 있어야 한다는 것을 깨닫게 되었다. 그러한 역량은 다른 분야 담당 팀원과의 커뮤니케이션을 원활하게 하고, 모두가 각자 그리고 있는 제품의 모습과 회사의 모습을 더욱 일치시켜주게 될 것이다.

중국에서 만난 한 창업가는 개발자이자 경영자이고 또한 디자인 감각까지도 지니고 있었다. 이러한 제너럴리스트가 되기엔 멀고도 험하겠지만, 경영학적인 지식과 경험을 갖춘 개발자는 창업 시작과 운영에 있어 단순히 경영학이나 공학 만을 전공한 사람보다는 훨씬 더 수월한 프로세스를 운영할 수 있다고 생각한다. 문과와 이과가 확연하게 구분되어 있는 고등학교 교육 이후에는 그 장벽을 넘지 못하는 한국 교육 체제에서는 문과 분야의 경영학과, 이과 분야의 소프트웨어의 학문적 괴리가 상당히 큰 편이다. 그러나 실제로 두 학문 (혹은 두 분야의 경험)은 결코 동전의 양면과 같은 존재가 아니며, 충분히 양립하여 획득할 수 있는 역량이라고 생각한다.

만약 sm Arts와 같이 소프트웨어 개발 기반의 창업에서 리더가 개발에 관한 역량이 충분하여 CEO와 CTO를 겸한다면, 사업의 큰 부분을 차지하는 개발 부문에서 진행이 지지부진할 일이 확연히 줄어들게 될 것이며, 실시간으로 개발 상황을 점검하며 참여할 수 있을 것이다. 또한 개발자의 갑작스러운 부재나, 인력 수급이 어려울 경우, 리더 또한 직접 개발에 참여함으로써 사업을 진행할 수도 있을 것이다. 이런 점에서, 후일 자신의 사업을 시작한다면, 소프트웨어 개발에 깊이 관여함과 동시에 리더로서 CEO로서 기업을 이끄는 역할을 담당해야겠다는 다짐을 하게 되었다.

중국에 있는 많은 창업 사례들을 보고 배우면서 많은 것을 느끼고 돌아왔다. 다시 스타트업 사무실로 복귀했을 때 가장 먼저 실행한 것은 나의 책꽂이 정리였다. 코딩과 관련된 프로그래밍 서적으로 가득했던, 그저 나의 직무에 충실하기 만을 추구하던 기존의 책꽂이를 창업 분야에 관한 모든 종류의 서적으로 가득 메웠다. 경영학, 디자인학, 미디어학 등 다양한 분야에 대한 관심이 이 분야를 담당하고 있는 이들과의 원활한 소통으로 이어지길 기대하고 있다. 또한 추후에 새로운 창업을 한다면, 결코 한 분야 만을 담당하는 사람이 아닌 두 가지 이상의 분야를 특히 현재 전공하고 있는 소프트웨어 개발과 경영학에 깊숙하게 관여하는 역할자로서 일을 하기로 마음을 다잡아 보게 되었다. 『김우진』

10일 동안의 SW 프로그램이 생각을 이렇게 변화시킬 줄은 상상도 못했다. 3학년이 되면서 점점 미래에 대해 불확실함에 초조해지고 경영학이나 혹은 공대생이 아닌 문과생인 내가 과연 이 치열한 경쟁 속에서 살아남을 수 있을까? 라는 막연한 걱정과 근심에 시달려 진정한 자신의 모습을 외면하면서 남들과 똑같이 가는 취업준비의 길 만을 바라보면서 지냈던 것 같다. 하지만 이번 SW 프로그램을 통해 여러 창업 기업들을 방문하고 교수님과 학우들과의 교류를 통해 그간 내가 알지 못했던 새로운 중국의 모습을 보면서 오랜만에 가슴이 뜨거워졌고 설레임을 다시 한번 느끼게 되었다.

창업이란 이젠 어느 극소수에게만 해당되는 대단한 도전이 아니라 현대를 살아가는 모든 사람들의 삶의 한 부분이라는 것을 깨닫게 되었다. 아울러 우리가 삶에 대해 관심을 갖고 문제를 발견하고 그것을 해결하고 싶다는 마음 만 있다면, 새로운 방식의 전환 혹은 하나의 작은 아이디어가 많은 사람들의 삶을 변화시킬 수 있다는 창업의 매력에 감동받게 되었으며 비록 짧은 시간이었지만 자신을 되돌아 볼 수 있는 귀한 시간이되었다.

중국어를 잘하는 문과생에서 멈추는 것이 아니라 이제는 언어를 통해 보다 넓은 세상을 바라보고 더 큰 무대를 기대할 수 있게 하게끔 새로운 꿈을 갖게 해준 이번 SW 프로그램에 진심을 다해 감사를 표한다. 「김태라」

상하이를 가기 전부터 고려대학교와 SK의 지원을 받으며 준비하던 사업이 있었다. 준비 중이던 사업은 전 세계에서 중국에만 유일하게 있는 서비스를 벤치마킹한 것이며, 이 서비스를 한국 시장 상황에 맞게 변형한 후 현재 한국의 산업 구조에서 가장 어려운 요식업의 문제점을 해결해주는 솔루션 서비스로서 오픈할 예정이었다. 이 때 자사 만의 소프트웨어 솔루션을 탑재하여 비용절감 및 서비스 최적화와 중국 기업과의 비교우위를 가질 계획이었다. 하지만 상하이를 다녀오기 전까지만 해도 소프트웨어 솔루션을 탑재한 서비스로서 오픈 만을 생각했고 중국기업의 타사와 차별성을 가질 수 있는 소프트웨어 솔루션을 판매할 판로를 생각하지 못하였다.

중국은 보안에 대해 민감하고 다른 국가의 진입을 통제하리라는 막연한 선입관과 잘못된 정보로 새로운 비즈니스 모델 창출과 새로운 시장개척의 기회를 모두 놓칠 뻔하였다. 하지만 상하이금창원을 다녀온 이후로 이에 대한 생각의 반전이 이루어졌다.

상하이금창원은 창업센터로서 아이디어만 있다면 누구든지 지원할 수 있는 공간이다. 이곳에 입주하게 되면 공간에 대한 지원뿐만 아니라 외국 기업이 중국에 진출했을 때에 가장 많은 어려움을 겪게 될 법률, 네트워킹, 사업자등록과 같은 세부적인 일까지 모두 지원받을 수 있을뿐만 아니라 심지어 숙소도 10만원대로 저렴하게 제공받을 수 있다고 한다. 또한 정부 기금과 외부 투자사로부터 투자연계도 함께 진행해주며 주변에 전문학교도 많아 현지 엔지니어를 영입하기에도 유리한 조건을 갖춘 최적의 장소이다.『자본, 인맥, 법률 등 모두 해결해 줄 것이니 사업에만 집중하여 꿈을 잡아라』라는 모토를 가지고 있기에 이 모든 것이 가능한 것이다. 한국 스타트업의 상하이금창원 입주 가능성에 대해서도 "여권만 가지고 와라"라고 깔끔하게 정리해 주니 이로써 우리가 개발한 소프트웨어 솔루션의 중국 판로개척에 대한 방법이 생겨나게 된 셈이다. 또한 중국 기업과 경쟁 체계로 간다면 정부의 제재가 생기겠지만 우리의 소프트웨어 솔루션의 경우 중국 기업의 비용을 절감해주고 서비스를 최적화 해주며 중국 기업이 비어있는 부분을 채워주는 것이기 때문에 중국 정부도 환영할 것이라는 상하이금창원 연사의 답을 통해 중국 진출 가능성에 대한 확신이 들기 시작했다. 그리고 중국 엑셀러레이터와의 협업을 통해 중국 시장 진출을 하게 되면 더욱 편안하고 자연스럽게 중국 시장에 안착할 수 있을 것이란 팁도 얻었다.

상하이 연수를 통해 자사의 새로운 비즈니스 모델(소프트웨어 솔루션 판매)과 시장(중국 진출)이 생긴 것이다. 이 내용을 바탕으로 한국에 도착한 후 예상 매출액 비교를 해보았다.

위의 표는 한국 시장에 서비스로서만 진출 했을 시 1년간 시장 침투율에 따른 예상 매출 내역과 매출액 증가 그래프이다.

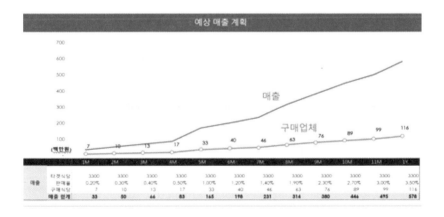

위의 표는 중국시장에 자사의 소프트웨어 솔루션을 판매했을 시 발생하는 새로운 비즈니스 모델에 대한 추가 매출이다. 해당 판매율에 따라 소프트

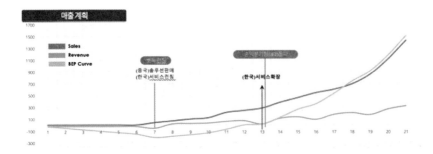

웨어 솔루션 판매 1년차에만 총 30억에 육박하는 추가 수익을 올릴 수 있다.

상하이 연수를 통해 중국 시장에 대한 전문가를 통한 전반적인 이해와 소비자들의 행동패턴을 직접 보고 느끼며 얻은 통찰력은 앞으로 창업을 계속해 나가는데 있어서 중요한 자양분이 될 것이다. 뿐만 아니라 이번 연수 기간 동안 얻은 큰 수확은 대표로서 준비하고 있는 사업에 새로운 비즈니스 모델이 생기고 감히 넘보지 못했던 시장에 눈을 뜨며 위의 그래프와 같이 완벽한 J 커브를 그리는 회사로 성장할 수 있는 계기를 만들게 되었다. 『박노준』

중국의 기업들을 만나면서 가장 놀랍고도 당연하게 들었던게 1억명과 10억불이다. 방문한 기업마다 유저수가 얼마나 되냐고 물어보면 전부 1억명을 말하고 기업 규모를 물어보면 전부 10억불(1조)을 말한다. 우리나라와는 그 규모자체가 전혀 다른 것이다. 그러나 그들의 사업아이템은 우리와 크게 다를 것이 없었고 그 방식도 크게 다르지 않았다. 열흘간의 시간 동안 가장 크게 느낀 부분은 시장의 규모는 사업 아이템에 영향을 주긴 하나, 생각한 것만큼 그렇게 큰 영향을 미치지 않는다는 점과 우려했던 것 보다 중국으로 진출이 어렵지 않을 것 같다는 점이다. 오히려 한국으로 아이템을 가져오는 쪽이 훨씬 난이도가 있을 것이라는 생각이 들기도 했다. 따라서 더 심화된 분석을 통해 중국으로의 진출을 심도있게 고려할 생각이다. 「임성연」

이번 연수에서 인상 깊었던 것은 괄목할 만한 중국의 발전 속도였다. 몇 년 전까지만 해도 '메이드 인 차이나'라는 단어가 주는 어감은 그리 긍정적이지 않았다. 이 단어는 저렴하지만 질이 낮은 제품을 의미하는 듯 했다. 더구나 'IT 강국'이라고 불리는 한국에서만 머무르고 있어서인지 중국의 기술적인 능력이 뛰어나지 않을 것이라는 생각을 무의식 중에 가지고 있었던 듯하다. 그러나 중국 각 지역의 주된 창업 분야가 IT와 인터넷 등 한국의 것과 크게 다르지 않은 분야에서 많은 투자를 받고 있으며, 도전을 하고 있다는 사실을 새롭게 알게 되었다.

연수 기간 동안 여러 기업들을 만나게 되면서 그 사실을 직접 확인할 수 있었고, 중국의 대기업(알리바바 등)과 중국 정부의 적극적인 투자 및 지원을 받아 과감한 도전을 하고 있다는 점은 중국, 더 나아가 세계로 나아갈 국내 스타트업에게도 큰 자극이 될 수 있을 것으로 생각된다.

특히, INNOBOTH의 대표는 본인이 한국의 인큐베이터와 합작하여 INNOBOTH를 세운 것처럼, 한국과 중국의 장단점을 활용하여 서로 도울 수 있는 방법을 모색하면 좋겠다는 이야기와 아울러 문화 창조 능력이 뛰어난 한국의 장점을 이용한다면 중국 내에서도 성공할 수 있을 것이라고 하였다. 이에 문화 창조 능력에만 한정하지 않고 십분 활용할 수 있는 각자의 능려을 발견한다면 이번 단기 연수에서 새로운 기회를 포착할 수 있을 것이라는 확신을 갖게 되었다. 『양진원』

부록편

1장 창업기업자료

1.㈜두닷두-심소영

시작은 대학교 3학년.

학교 홈페이지를 둘러보면서 우연히 소프트웨어기술과 산업(소프트웨어 벤처 융합 전공의 이전 전공명)이라는 산업공학과 컴퓨터공학이 연계된 신설 연계 전공을 알게 되었다. 수학과이다 보니 경제학과 이중전공이나 금융공학 연계전공을 하여 막연히 금융분야로 가겠다는 생각은 있었지만, 혜택으로 쓰여진 실리콘밸리 연수가 신선한 도전으로 느껴졌고 3학년 1학기, 소프트웨어기술과 산업 2기에 지원하게 되었다.

[STEP을 만나고]

STEP연계 전공에 들어오면 실리콘밸리 연수 탐방 기회를 준다. 2013년 2학기, 1기들을 위한 실리콘밸리 단기 연수 기회를 기획서 경쟁으로 2기에게도 준다는 소식을 듣고 팀을 꾸려 기획서를 준비했다. 팀원들과 회의도 하고 마감시간 전까지 하루 종일 기획서를 완성했다. 결국, 유일한 2기 팀으로 실리콘밸리에 가는 기회를 얻었다. 실리콘밸리 탐방이 내 인생의 터닝포인트라고 할 수 있다. 실리콘밸리의 기업 문화에 흠뻑 빠져들었고 Venture Capitalist라는 직업을 처음 알게 되었다. 투자가 기업에서 정말 중요하다는 걸 알게 되면서 평소 가치투자학회 등 투자 관련 공부를 해왔던 나는 벤처캐피탈리스트가 꿈이 되었다. 졸업하고 실리콘밸리로 오겠노라 다짐했다. 실리콘밸리를 탐방하고 돌아온 후 기억에 남는 한 선배님께 장문의 감사 편지를 보냈다. 2014년 여름방학 때 나는 운이 좋게도 2기들을 위한 실리콘밸리 단기 연수를 또 한 번 다녀왔는데 그 때 그 선배님을 또 만나게 되면서 인연이 되어 나의 멘토가 되어 주셨다. 1년 후 그 분은 나의 사업 파트너가 된다.

2013년 겨울방학 동안 STEP 필수로 C++, JAVA, Android를 배웠는데, 배운 것을 바탕으로 한 워크샵 프로젝트인 앱 경진대회에서 대상을 수상했다. 그 때 아이디어를 조금씩 구체화 시켜 친한 동생과 창업이라는 걸 해보자고 뜻을 모았다. 창업을 하기 위해선 인력을 고용해야 한다고 생각한 후 2014년 3월부터 2014년 6월까지 학교 수업을 들으면서 남는 시간은 항상 창업 지원금을 받기 위한 기획서를 작성했다. 아무것도 모르는 상태에서 꾸역꾸역 20장을 써 내고 여러 창업 지원 공모전에 제출했다. 하지만 친한 동생이 교환학생을 가게 되면서 공모전 제출은 중단되었다. 나는 혼자라는 불안감과 함께 했던 친구가 떠난다는 아픔에 그 당시 많이 서운해 했다.

본격적으로 프로젝트를 진행하게 된 것은 2014년 7월, 이공계창업꿈나무에 최종 합격을 하고 부터이다. 2014년은 스마트워치 붐이었다. 나는 컴퓨터학과 동기들과 스마트워치 해커톤은 다 나갔었고 스마트워치를 활용한 일정관리 솔루션이 이공계창업꿈나무에 제출했던 사업명이었다. 그렇게 나는 스마트워치와의 인연이 닿게 된다. 이공계창업꿈나무는 4월 18일에 제출하고 6월 3일, 1차 합격 메일을 받았다. 두번째 실리콘밸리 연수를 다녀온 바로 다음날, 7월 1일에 2차 발표를 했다. 발표 준비도 전날 했고 팀원도 없었고, 나는 그저 내 아이템에 대해 당차게 발표한 게 다였다. 결국, 7월 4일에 최종 선정이 되었다. 포기하기는 싫었다. 10월 15일이 되어서야 사업비를 받게 되었고 디자이너 한 명을 영입했다. 개발은 오빠의 도움을 받아 데모버전의 솔루션을 만들었고 나는 2015년 1월, 다시 미국으로 가서 선배에게 보여줬다. 인맥이 넓은 그는 호텔에 응용해 보면 어떻겠냐는 말을 하며 호텔 총지배인을 소개해 주었다. 조금만 다듬으면 쓸만하겠다 라는 피드백과 필요할 만한 기능 몇 가지를 조언 받고 한국으로 돌아왔다.

프로젝트를 진행하면서 디자이너를 뽑기 위해서 디자인 수업을 들었고 개발자를 구하기 위해 먼저 연계전공 사람들을 한 명씩 만나면서 설득했다. 컴퓨터공학과 학생의 번호를 따서 직접 찾아가 설득하기도 했다. 처음 만든 스마트워치 앱으로 소소하지만 400만원 넘게 벌었다. 그 후 나는 스마트워치를 활용한 호텔 관리 솔루션에 집중했다. 나는 50여 군데가 넘는 호텔들을 일일이 돌아다니며 업무 프로세스를 조사했다. 그렇게 조금씩 기획을 구체화 시켜 나갔다.

1) 비전

2015년 10월 22일, 두닷두 법인을 세웠다. ㈜두닷두는 스마트워치를 활용해 호텔 내 직원들이 무전 및 방 관리 등을 손쉽게 할 수 있는 B2B 솔루션을 제공한다. 지금까지 정부 자금을 7억원 넘게 받으며 운영 자금을 마련했다. 호텔 관리 솔루션으로 시작했는데, 영화관, 병원, 공사장 등에서도 많이 문의가 온다. 이처럼 스마트워치를 활용하는 만큼 현장에서 신속하고 빠른 Task 관리가 가능한 솔루션으로, 비단 호텔 뿐만 아니라 크루즈, 건설회사 등 신속한 커뮤니케이션이 필요한 곳에서 우리 솔루션이 쓰일 수 있다고 생각한다. 향후 신속한 커뮤니케이션이 필요한 산업의 전분야에서 쓸 수 있는 커뮤니케이션 툴을 제공하고 싶다. 특히 이는 고객과의 접점이 되므로, 고객의 니즈를 가장 잘 파악하여 기업경영에 도움을 줄 수 있는, SAP와 같은 회사를 만들고 싶다.

2) 조언

지원사업 서류 TIP

가장 중요한 것은 시장 조사이다. 검색을 정말 많이 하고 통계 및 뉴스로 정리한 것만 20페이지 이상이었다. 자신의 논리를 시장 조사를 통해 구체화 및 검증 과정을 거친다. 특히 '사진이 돈이다'. 검색을 통한 자료수집과 더불어 실제 현장에서 찍은 사진으로 증명하면 효과가 아주 좋다.

지원사업 대면평가 Tip

사업계획서란, 처음 그 사업에 대해 읽는 사람을 설득하는 과정이다. 심사위원은 그 사업에 대해 그 아이템에 대해 정확히 모른다. 5~15분 안에 설득해야 하는데, 우선 논리적으로 발표문을 작성하고 다시 읽어보고 수정한다. 이러한 발표문을 토대로 하여 목차를 구분하고 PPT를 작성한다.

2. ㈜히든트랙-오정민

1. SW융합전공 진입 후기, 후배들에게 해주는 조언

2014년 휴학기간 1년 동안 7명 남짓한 작은 스타트업에서 인턴으로 근무하며 회사가 성장하고, 더 나아가 exit에 까지 이르는 과정을 간접적으로 경험 할 수 있었다. 회사가 대기업에 인수 되어 근무하면서도 지속적으로 창업 및 서비스 제작에 대한 꿈을 품어왔고, 이를 실천에 옮기고자 2015년 SW융합전공에 진입하게 되었다. 3년 간의 학업을 마무리하며 창업준비에 힘써왔고, 2017년 6월 드디어 2명의 융합전공 동기, 2명의 외부 지인과 함께 법인을 설립하게 되었다.

해외 연수, 장학 제도 등 SW융합전공을 통해 많은 혜택을 받았지만, 무엇보다도 가장 큰 성과는 융합전공을 통해 지금의 팀원들을 만날 수 있었다는 것이다. 융합전공 동기로서 함께 실리콘밸리를 경험하고, 이후 수업을 통해 함께 서비스를 개발하면서 팀워크를 다져 나갈 수 있게 되었다. 오랜 기간 융합전공의 인연으로 다져진 관계가 아니었다면 법인 초기의 힘든 기간들을 버텨내기 어렵지 않았을까 싶다.

2. 창업 후기, 향후 계획(비전 등)

히든트랙 팀은 지난 1년간 기존 캘린더 서비스를 보다 유용하게 사용 할 수 있도록 하기 위하여 모바일앱, 챗봇 등 다양한 캘린더 보조 서비스들을 만들어왔다. 팀원 중 절반 이상이 위트스튜디오, 퀴켓 등의 스타트업 또는 마이크로소프트, 라인 등의 유수의 기업에서 근무한 경력을 가지고 있으며, 지난 1년 간 지속적인 팀빌딩을 통해 호흡을 맞춘 후 이제는 자체 서비스 린더를 기반으로 사업을 진행해 나가고 있다.

캘린더, 즉 일정관리 서비스는 앞으로 다양한 산업분야와 연동될 수 있는 가능성을 지니고 있다. 형태소 분석을 통한 자연어처리 기술 등 인공지능 관련 기술이 지속적으로 발전 함에 따라 우리는 일정관리 서비스를 통해 예약, 쇼핑, 교통 등 전혀 다른 분야의 서비스들을 캘린더 안에서 사용할 수 있게 될 것이다. 이를 대비하여 히든트랙팀은 '캘린더의 일상화'라는 모토 하에 지속적인 관련 서비스 개발에 앞장서고 있다.

3. 회사 소개자료(IR 등)

히든트랙이 서비스 중인 린더는 유저가 좋아하는 주제에 대한 일정을 파악할 수 있는 구독 캘린더를 제공하는 동시에 기업에게는 캘린더를 통한 고객과의 새로운 소통 채널을 제공하는 기업용 캘린더 마케팅 솔루션이다. 기존 캘린더 플랫폼에 공통적으로 내재되어 있는 캘린더 구독 기능을 통해 공급자의 캘린더 즉 기업이 공유하는 일정이 구독자의 캘린더에 지속적으로 동기화되도록 설계되어 있다. 현재까지 약 7만여명의 사용자가 린더를 통해 일정을 받아보고 있으며 다양한 기업고객을 대상으로 서비스를 확장해 나가고 있다.

린더의 데이터는 아직은 아이돌 스케줄, 학사일정, 프로야구 경기일정 등에 국한되어 있지만, 이후 공연 티켓팅, 쇼핑몰 세일 등 다양한 분야로 확장해나갈 계획이다. 기존에 심한 건망증으로 매번 놓쳤던 티켓팅이나 세일 등의 일정이 있다면 린더를 통해 해당 일정을 놓치지 않고 실행에 옮길 수 있게 되는 서비스이다.

내가 직접 기록하지 않더라도 내 캘린더의 표시 되어있는 일정을 통해 행사나 이벤트에 참여할 수 있으며 주요 일정들에 대해서는 푸시알림을 통해 일정 시작 전 행사 정보를 파악 할 수 있다. 락 페스티벌을 좋아하는 분이라면 주요 락 페스티벌의 티켓팅 및 공연 일정을 받아 볼 수 있고, 마라톤을 좋아하시는 분이라면 연간 마라톤 일정을 미리 확인할 수 있게 되는 방법이다.

현재 린더는 캘린더를 통해 일정을 제공하고 있지만 이는 어디까지나 린더가 정보를 제공하는 여러 채널 중 하나일 뿐 이다. 포화된 앱 시장에서 돌파구를 찾고자 일시적으로 캘린더 플랫폼을 사용하고 있지만, 우리가 확보하고 있는 일정 데이터는 캘린더 뿐만이 아닌 모바일앱, 챗봇, AI스피커 등 다양한 형태로 제공될 수 있다.

4. 작업에 열중하고 있는 스텝들

3. ㈜잡쇼퍼-권기원

1) SW융합전공 진입 후기, 후배들에게 해주는 조언

SW융합전공의 가장 큰 강점은 진취적인 사람들과 함께 할 수 있다는 점이라고 생각하는데 항상 주변에는 도전하고 실패하기도 하면서 성장하는 사람들로 가득하다. 그런 사람들을 통해 자극을 받기도 하고, 도움을 주고 받기도 하며 많이 배우게 된다. 창업은 결국 사람이 하는 일이기 때문에 인적 구성이 매우 중요하다. 심지어는 팀원이 배우자에 비유될 만큼 중요하면서도 뜻 맞는 사람을 만나기 어렵다. SW융합전공에는 창업 관련 프로젝트를 진행하는 전공 필수 과목이 많은데 수업 팀플을 통해서 예비 팀원과 동거를 경험해볼 수 있다. 실제로 내 경우는 SW융합전공 전공필수 수업에서 팀원 2명을 영입하기도 했다. 단순히 학점을 위한 수업이 아닌 사람을 얻는 과정으로 활용하는 방법을 강력히 추천한다.

2) 창업 후기, 향후 계획(비전 등)

창업은 매 번 새로운 문제에 부딪히게 되고 밤을 꼬박 새우는 날도 부지기수지만 성격과 뜻이 맞는 팀원들만 있다면 그들과 함께 해결하고자 하는 문제의 실타래를 풀어나가는 과정이 너무 재미있다. 최근에 노력 끝에 서비스를 런칭하여 매출이 발생하기 시작했고 동시에 올 하반기 목표로 잡았던 팀원들 월급 지급도 달성하게 되었다. 내년 상반기까지 레퍼런스를 쌓은 후,

전국으로 서비스를 확대할 계획이다. 향후 3년 내에 청소년 50만 명의 진로 탐색을 돕는 것을 1차 목표로 잡고 있다.

3) 회사 소개자료(IR 등)

4. sm Arts-유현호

1) SW융합전공 진입 후기, 후배들에게 해주는 조언

SW 융합전공에 들어와서 가장 좋았던 점은 크게 세 가지 정도로 나눌 수 있다.

첫 번째는 다양한 전공을 부담 없이 들을 수 있다는 장점, 두 번째는 SW 융합전공에서 제공해주는 다양한 지원 혜택, 그리고 세 번째로는 가장 중요한 '사람'이다. 우선 SW융합전공을 들으면 다양한 분야의 전공을 들을 수 있다는 장점이 있다. 경영학과인 나로써는 컴퓨터학과를 이중 전공하는 것보다 훨씬 더 부담스럽지 않게 원하는 전공을 들을 수 있다는 혜택을 누린 셈이다.

융합전공 지원팀에서 제공해주는 다양한 혜택 또한 무시할 수 없었다. 미국과 중국을 선택해서 단기 연수를 갈 수 있고, 창업에 관한 다양한 지원사업을 먼저 받아볼 수 있었다. SW융합전공은 여느 학과보다 스타트업에 적극적인 지원을 많이 해 주고 있다. 따라서 스타트업에 관심이 많은 사람이라면 후회하지 않을 선택이라고 생각한다.

융합전공을 하면서 받을 가장 큰 혜택은 '같은 뜻을 가진 사람'을 얻을 수 있다는 것이다. 주변에 경영학도만 있었던 나는 융합전공을 하면서 컴퓨터학과, 바이오의공학부, 미디어학부 등 이름만 들어본 전공자들과 만날 수 있었고 이러한 만남은 사람 풀을 크게 넓혀주는 계기가 되어 우물 안을 벗어나게 해주는 계기가 되었던 것이다. 지금 하고 있는 스타트업의 크루도 구할 수 있었다는 점에서 본다면 SW융합전공은 나에게 큰 도움이자 든든한 지원책이기도 하다.

SW융합전공은 더 넓은 세상을 경험하고 싶은 창업자나 예정자들에게 분명 큰 도움이 될 것이라 확신하며, 다양한 사람을 만나고 배우고 실패하면서 여러분 자신을 더욱 단단하게 만들 수 있도록 노력해야 한다는 점을 얘기하고 싶다.

2) 창업 후기, 향후 계획(비전 등)

SW융합전공을 하면서 만난 동기들과 함께 sm Arts라는 팀을 만들었다. 현재 스마트홈 시장은 초기 단계로 기업마다의 앱이 존재하는 상황이다. 그러나 실제 스마트홈 사용자들은 다양한 기기들을 하나의 앱에서 제어하고 싶어한다는 욕구가 있다는 것을 깨닫게 되어 비효율적으로 돌아가는 스마트홈 시장의 문제를 해결하고자 팀을 꾸렸다.

sm Arts팀은 브랜드나 기기에 상관없이 스마트홈을 제어하고 컨트롤 할 수 있는 서비스 '집콘'을 만들고 있다. 해외엔 이미 창업하여 성공한 사례가 많은데, 우리 나라는 스마트홈 보급률이 다소 낮아 이러한 기술이 뒷받침되어 있지 않다. 따라서 sm Arts는 중소 기업이나 벤처 기업도 4차 산업에 쉽게 뛰어 들 수 있는 교두보 역할을 담당하고자 한다. 현재 개발에 집중하고 있으며 곧 사업 검증과 시장 진출을 단행할 예정이다.

학생 창업팀이 3년 이내에 폐업할 확률은 약 99%에 이른다고 한다. 학생이라는 의미는, 그만큼 사업에 가볍게 임할 수 있다는 뜻이다. VC(벤처캐피탈리스트)들도 이를 인지하고 있기 때문에 학생 신분의 팀에는 별다른 기대를 하지 않는다고 한다. 그러므로 학생 창업팀으로 성공하기 위해서는 엄청난 준비가 필요하다. 흔한 대학교 창업경진대회에서는 우리가 대학생이고, 개인의 성장 가능성이 높기에 응원하는 의미에서 학생 팀에게 상을 수여할 수 있다. 그러나 시장은 우리가 학생이든 프로페셔널이든 전혀 신경 쓰지 않는다. 시장을 읽을 수 있고, 적재적소에 맞는 제품·서비스를 만들 수 있는 사람만이 성공할 수 있다. 따라서 학생이라면 경험자보다 더 많은 노력과 뛰어난 아이디어가 필요하다. 다행히도 우리 팀은 이러한 실패 요인을 다양한 창업수업을 통해서 인지하고 직·간접적으로 경험하여 예방할 수 있었다.

누군가가 스타트업을 하겠다고 도전하면 반드시 요구하고 싶은 세가지 단어가 있다. 인내심, 실패, 개방적인 마인드이다. 창업자가 자신의 퍼포먼스에 초점을 맞추다 보면 팀원들의 퍼포먼스에 불만이 생기기 마련이다. 팀원들이 자신이 세워 놓은 잣대에 따라오지 못한다고 해서 독촉하는 일이 없도록 해야한다. 단지 기간을 정해 놓고, 마일스톤을 지속적으로 상기시켜 주어야 한다. 두 번째는 실패다. 실패에 익숙해져야 한다. 스타트업 하나를 성공으로 이끌기 위해서는 수십, 수백번의 실패가 있다. 그것은 비단 시장의 실패 뿐만 아니라, 팀 빌딩의 실패, 타이밍의 실패, 영업의 실패, 설득의 실패 등 수많은 가시 밭길이 우리를 기다린다. 문제는 언제나 성공만 할 수 없다는 것이다. 무조건 실패를 하게 되어있는 구조라면, 우리는 그 실패를 박차고 일어나는 법을 배워야 한다. 게임에서 가장 무서운 것은 스토리 끝에 기다리고 있는 최종 보스가 아니라, 죽을 때마다 강해져서 돌아오는 플레이어다. 마지막으로는 어떠한 상황이 닥쳐도 여유롭게 넘길 수 있는 개방적인 마인드이다. 스타트업이 진지해지고자 한다면 한 없이 비참하고 막막해질 수 있다. 그러나 스타트업을 이끄는 리더라면, 모든 상황에서 능동적으로 대처하고 빨리 배울 수 있는 능력이 필요하다. 변화가 필수인 스타트업 시장에서 자신만의 사고에 갇혀 산다면 도태되고 말 것이다.

3) 스타트업, 해보고는 싶지만 그 막막함을 극복하는 방법

테슬라 창업자인 엘론 머스크가 한 말이 기억에 남는다. "요리사는 어디서 먹어본 듯한 맛을 재현해내는 사람이고, 셰프(Chef)는 완전히 새로운 맛을 만들어 내는 사람"이라는 말이다. 나는 대학생 모두가 창업을 할 필요는 없다고 생각한다. 꼭 창업을 하거나, 도전을 하는 대학생만이 청춘이고 '잘' 사는 사람인 것은 아니다. 셰프가 되어보고 싶은 사람이 창업을 하면 되는 것 같다. 대기업 직원으로써 효율적인 업무를 하는 게 더 어울리거나, 공무원이나 프로그래머가 더 적합한 사람이 있을 것이다. 스타트업을 하면서 막막함을 극복하는 방법은, '해보는 수' 밖에 없다. 책상 위에서 될까 말까를 고민하지 말고, 직접 발로 뛰고 조사하면서 부딪히는 수 밖에 없다.

빛을 밝히기 위해서 스스로 빛을 만들어야 하는 게 스타트업이다. 또 한 가지는 스타트업을 일종의 '스펙'으로 여기는 사람들이 있다. 하지만 우리는 정말 치열하다. 짧은 순간이라도 여기에 모든 것을 걸어봐야 한다. 막연한 두려움은 사실 어디에나 있다. 대기업에 취업하려고 해도 선례가 많다 뿐이지 사신 본인 스스로에게는 처음이다. 대기업 취업 전에, 회사 정보도 찾아보고 선배조언도 들어보고 결정하는 것처럼 스타트업도 사전에 철저한 시장조사를 통해 해도 되는 사업인지, 해서는 안되는 사업인지를 사전에 알 수 있다. 창업자의 준비 역량에 따라 리스크를 줄일 수 있는 것이다.

2장 창업가들을 위하여 VC들이 전하는 조언

벤처 창업의 성공 요건과 벤처투자 기준 및 투자유치 노하우에 대한 VC들의 이야기를 요약해 보았다.

1. Large Market을 타켓으로 하라

기본적으로 VC들에게 투자를 받기 위해서는 큰 시장을 노려야 한다. 사실 순수익을 100억원 정도 올린다면, 그것은 훌륭한 회사이다. 하지만 그것만으로 VC들에게 투자를 받을 수 없다. VC들은 자신의 투자한 돈에 비해 10배, 100배의 return을 기대하고 투자를 진행하는 사람들이다. 스타트업의 성공 가능성은 1%~5%정도에 불과하기 때문에 VC들은 여러 스타트업에 투자한 뒤, 그 가운데 어느 회사가 구글이나 페이스북처럼 크게 성공하게 되면 10배, 100배, 1000배의 수익을 얻어서 다른 스타트업에 투자한 것을 만회하는 방식을 취한다. 따라서 큰 시장을 목표로 하는 회사의 선택 가능성이 높을 수 밖에 없는 것이다.

2. Network, 즉 인맥이다

한국에서 혈연, 지연, 학연은 중요한 자산 중에 하나이다. 하지만 이러한 인맥위주의 인사는 점차 한국에서도 사라지고 있다. 그런데 미국에서는 이러한 Network가 적극적으로 활용되고 있다. 실력이 없는데 인맥 위주로 인사 편성을 하는 것은 문제가 되지만, 미국에서는 공과 사를 확실히 구분하기 때문에 함께 술 마시고 놀면서 쌓는 인맥은 Network 활용 대상으로 보지 않는다. Network에 있다는 것은 추천할 만한 사람을 의미한다. 그렇기 때문에 함께 일해보며 자신의 실력을 보여야만 확실한 추천을 받을 수 있다. 만약 A가 VC들에게 투자를 요청한다면, VC들은 A의 동기들, 직장상사, 친구들에게 모두 메일을 보내 A가 어떠한 사람인지 물어볼 것이다. 그리고 정직한 사람인지, 일은 잘하는지, 직장관계는 원만하였는지를 모두 따져본 후에야 투자를 결정한다. 인맥이라기보다는 일종의 명성이라고 보면 더 정확한 표현일 것이다. 많은 사람들이 그 사람을 추천할수록 더 실력있는 사람이라고 생각한다. 또한, Co-founder(공동 창업자)로 Team을 이루어 스타트업을 시작하기 때문에 자신과 함께할 사람을 구할 때도 이러한 명성이 중요하다. 유명한 사람의 추천을 받을수록 자신의 몸값을 올릴 수 있고, 좋은 조건에 VC와 계약할 가능성이 높아진다.

3. Spec이 중요하지 않다고?

한국에서는 "스펙을 없애라!" 라는 것이 하나의 트렌드가 되고 있다. 하지만 이곳에서는 굉장히 놀랍게도 출신학교, 입상성적 등 스펙이 굉장히 중요한 하나의 지표가 되고 있다. 물론 학교의 명성과 관계없이 투자를 결정하기도 하지만 Stanford, Caltech, MIT등 명문 대학을 나오면 실력도 어느 정도 증명이 되고, 훌륭한 Network을 가질 가능성이 크기 때문에 아무래도 유리하다고 볼 수 있다.

4. 좋은 Team을 구성하라

그들은 우리가 평소 알고 있는 것과는 달리, 사실 아이디어가 가장 중요한 요소는 아니라고 했다. 외려 팀원과 시장에 더 주목을 해야 한다고 강조한다.

우선 팀원에 주목하는 이유는 대부분 성공하는 팀과 그렇지 않은 팀의 차이가 구성원에 있기 때문이다. 그래서 VC는 팀원과 미팅을 하면서 팀원 서로의 역할에 대한 이해도가 높은지와 관련된 창업이나 프로젝트의 경험이 있는지 등을 살펴보고 투자 가치를 결정한다고 했다.

창업을 하는 사람들은 자신만이 잘났다고 생각하는 사람들이 많이 있지만, 그렇게 해서는 성공하지도 투자를 받지도 못한다고 했다. 반드시 Co-founder(공동 창업자)를 두는 것이 좋으며 꼭 주위에서 찾지 않더라도 다양한 커뮤니티를 통해 만날 기회는 많으므로 신중히 골라야 함을 강조했다.

창업에 뛰어든 약 90%는 실패하고, 75%는 빌린 돈을 되갚을 능력도 없다. 때문에 팀의 구조를 체계적으로 갖추고 올바른 역할 분담을 해서 능력 있는 사람을 알맞은 자리에 두는 것이 중요하다. 또한 이를 VC에게 잘 어필할 수 있어야 투자 가치를 인정받는 것이다. 만일 성공할 만한 완벽한 팀이 안 좋은 아이디어를 들고 오고, 반대로 망할 것 같은 팀이 획기적인 아이디어를 가져올 경우 VC들은 전자에 투자할 정도로 팀을 중요한 요소로 생각하고 있다.

최소한의 정말 필요하고 능력좋은 Team을 이루고 있다면 VC들에게 좋은 펀딩을 받을 수 있을 것이다. 창업자와 마찬가지로 각 팀원들도 VC로부터 위의 세 가지를 각각 검증받게 된다. 따라서 미국에서는 대체로 VC들과 팀이 지속적으로 장기간에 걸쳐 만난 뒤에 투자가 결정되며, 첫 투자를 받았다면 그 뒤의 투자는 첫 투자보다는 쉬워진다. 왜냐하면 "ㅇㅇ에서 투자받았습니다."라고 하면 우선 이러한 검증단계를 이미 통과했다는 것을 의미하기 때문에 투자가 빠르게 이루어지는 것이다.

5. Alpha Dog을 만나라

Alpha Dog이란 무슨 일이 생겼을 경우 빠르고 효율적으로 연락을 취해서 문제를 해결하는데 도움이 되거나 투자를 받기 쉽도록 연결고리가 되어주는 든든한 벽 같은 역할을 일컫는다. Alpha Dog은 최소한, 도움이 될 만큼 인맥을 지니고 있어야 하며, 항상 팀에게 조언해줄 수 있어야 한다. 그렇기 때문에 VC들에게 투자를 받을 경우에도 '누가 Alpha Dog인가?'는 투자의 여부를 결정하는 데에 큰 영향을 끼친다고 한다. 특히 최근 실리콘밸리에서는 그 역할의 비중이 매우 커지고 있는 추세다. 때문에 반드시 팀에게 도움이 될만한 사람을 Alpha Dog으로 두어야 한다.

6. 특허를 받아라

한국과는 달리 미국은 특허에 대한 인식이 당연하고 강하다. 즉, 내가 기술을 만들거나 새로운 무언가를 발견했을 경우, 이를 보호하기 위한 방법으로 특허를 낸다는 것이다. 이는 악용에 대한 방지 효과도 있을뿐더러 다양한 의미에서 스타트업 기업의 새 기술을 보호해 주는 역할을 한다는 것이다. Silicon Valley의 기업들은 기본적으로 여러 개의 특허를 가지고 있다고 한다. 아직 한국은 특허에 대한 의식이 강렬하지는 않지만, 앞으로 더 많은 기업들이 생겨나고 법적으로 이를 보호해야 할 일이 생길 수 있으니 미리 특허에 대해서 알아 놓아야 할 것이다.

미래의 젊은 리더
실리콘밸리와 상하이 혁신도시를 가다

고려대학교 정보대학 소프트웨어 벤처 융합전공
교수진　　　｜ 인 호(주임교수) 이희조 이성권 변진석 정찬영

소프트웨어 벤처 융합전공 학생
미국팀　　　｜ 곽영훈 권기원 권정식 김래현 김민상
　　　　　　　김민준 김유리 박상용 박재영 배명진
　　　　　　　안도익 안범진 안병욱 유현호 유형태
　　　　　　　이세임 이우진 이찬주 이채윤 이혜진
중국팀　　　｜ 강희우 김나은 김예린 김우진 김태라
　　　　　　　박노준 양진원 임성연

주소　　　　｜ 서울시 성북구 안암로 145 고려대 자연계 캠퍼스
　　　　　　　우정정보관 207호
전화　　　　｜ (02) 3290-4934

홈페이지　　｜ http://soft.korea.ac.kr

1판1쇄 인쇄 ｜ 2017년 12월 15일
1판1쇄 발행 ｜ 2017년 12월 20일
1판2쇄 발행 ｜ 2018년　2월 21일

펴낸곳　　　｜ 이서원
교정 교열　　｜ 윤희경
표지디자인　｜ 어거스트브랜드
편집디자인　｜ 이진이

펴낸이　　　｜ 고봉석
주소　　　　｜ 서울시 서초구 신반포로 43길 23-10 서광빌딩 3층
전화　　　　｜ 02-3444-9522
팩스　　　　｜ 02-6499-1025
전자우편　　｜ books2030@naver.com
출판등록　　｜ 2006년 6월 2일 제22-2935호
ISBN　　　　｜ 978-89-97714-12-4

값　　　　　｜ 10,000원

본 프로그램은 과학기술정보통신부와 정보통신기술진흥센터로부터 후원받았습니다